浙江树人学院引进人才科研启动经费资助
浙江树人学院专著出版基金资助出版

高等教育普及化阶段
工科新生专业成长内生动力机制研究

苑　健◎著

ZHEJIANG UNIVERSITY PRESS
浙江大学出版社
·杭州·

图书在版编目（CIP）数据

高等教育普及化阶段工科新生专业成长内生动力机制研究 / 苑健著. -- 杭州 : 浙江大学出版社, 2024. 12.

ISBN 978-7-308-25597-4

I. G649.2

中国国家版本馆CIP数据核字第20247TU477号

高等教育普及化阶段工科新生专业成长内生动力机制研究

苑 健 著

责任编辑 胡 畔
责任校对 赵 静
封面设计 雷建军
出版发行 浙江大学出版社
（杭州市天目山路148号 邮政编码310007）
（网址：http://www.zjupress.com）
排　　版 杭州林智广告有限公司
印　　刷 小麦（杭州）印刷科技有限公司
开　　本 880mm×1230mm 1/32
印　　张 8.75
字　　数 210千
版 印 次 2024年12月第1版 2024年12月第1次印刷
书　　号 ISBN 978-7-308-25597-4
定　　价 88.00元

目 录

第一章 绪 论 / 1

第一节 新时期中国工程教育面临的新形势 / 2

一、中国工程教育的重要性与任务 / 2

二、中国工程教育人才培养面临的问题 / 4

三、中国高等教育招生制度面临的难题 / 8

四、世界工程教育面临的共同难题 / 9

第二节 研究问题的提出 / 24

第三节 研究意义 / 27

一、理论意义 / 27

二、现实意义 / 28

第四节 研究方法与步骤 / 29

一、文献分析法 / 29

二、问卷调查法 / 29

三、研究的步骤与主要结构 / 30

第二章 国内外工科新生培养研究动态 / 33

第一节 国内研究动态 / 33

一、工科新生培养的研究 / 33

二、工科学生学习经历研究 / 36
三、工科学生学习动机问题的研究 / 39
四、职业认同的研究 / 42
第二节 国外研究动态 / 51
一、工科新生培养的研究 / 51
二、工科学生学习经历研究 / 55
三、工科学生学习动机问题的研究 / 63
四、工程师职业认同研究 / 73

第三章 工科新生专业成长内生动力理论基础与分析框架 / 79
第一节 工程科技人才培养应该把教学放在首位 / 79
一、当代中国研究型大学中教学与科研的冲突 / 79
二、人才培养是大学的首要基本职能 / 81
三、中国高等工程教育培养模式的改革 / 82
四、聚焦过渡阶段工科新生的培养方式 / 84
五、以学生为中心的课堂学习 / 86
六、工程基础课程的地位与作用 / 88
第二节 动机理论与学生学习 / 93
一、激发学习动机的 MUSIC 模型 / 97
二、专业成长的工程职业认同模型 / 110
第三节 本书的分析框架 / 119

第四章 工科新生专业成长内生动力调查研究过程 / 122

第一节 研究设计 / 122

一、研究假设 / 122

二、研究准备 / 123

三、问卷编制 / 124

第二节 调研过程 / 130

一、数据的收集 / 130

二、调查样本情况 / 131

第五章 工科新生专业成长内生动力研究结果与讨论 / 137

第一节 工科新生专业成长内生动力研究结果 / 138

一、整体数据分析 / 138

二、工科新生不同性别之间的差异分析 / 150

三、工科新生不同培养方式之间的差异分析 / 178

第二节 工科新生专业成长内生动力研究结果讨论 / 208

一、整体结果讨论 / 208

二、工科新生不同性别之间的结果差异讨论 / 211

三、工科新生不同培养方式之间的结果差异讨论 / 213

第六章　改进工科新生培养的建议　/ 216

一、教师应用 MUSIC 模型指导教学设计　/ 216

二、探索适合工科新生培养的架构与内容　/ 218

三、建立大学前教育与大学课程的衔接　/ 222

主要参考文献　/ 225

附　录　/ 255

后　记　/ 272

第一章　绪　论

工程人才的数量不足、整体素质不高，将对现代经济发展产生不利影响，因此工业强国都非常重视工程人才培养的规模与质量。工程人才的供给对我国尤其重要，充足、合格的工程师是实现中国制造强国战略的支撑与保障之一。西方发达国家进入工业化成熟阶段后，出现了工程专业吸引力下降、大学中工科学生流失现象。在我国也开始出现这种倾向。由于多方面的原因，未来工科学生流失的问题将会凸显出来，工程教育需要提前积极应对这一现象和问题。鉴于目前中国实行计划招生制度以及工程教育面临的问题，笔者认为工程教育在关注学生的分数之外，更需要研究思考在高等教育关键衔接期——大学一年级——工科新生在工程基础课程中的学习经历对他们的工程职业认同、学业成绩、未来专业和职业选择意愿的影响，最终寻求维持与提高工科学生的内在学习动机的答案，以期使工科新生在学业上获得成功。

第一节　新时期中国工程教育面临的新形势

近代以来，中国不断努力学习西方，争取赶上西方领先地位。这一学习过程需要确定清晰的目标，即当前我国究竟需要向西方学习什么。环顾当今在世界舞台上的强国（美、德、英、法、日），哪个不是工程方面的强国呢？西方世界给人类文明的最大贡献是科学以及把科学转化为工程实在（当然在几个世纪的发展中，科学与工程不仅仅是实在物，对人们的思想和文化也产生了影响）。在这追赶的过程中，中国作出种种制度安排，强化对科学与工程的支持，使得中国今天能够在世界上占有重要地位。在21世纪，工程教育研究者仍需要用更广阔的视野来思考和研究如何培养工程人才，以满足中国社会发展的需求。

一、中国工程教育的重要性与任务

中国高等教育的扩招是在社会制度变迁和科学技术发展两个大背景下形成的。一方面，1978年改革开放以来，我国经济体制由计划经济体制向社会主义市场经济体制转向。另一方面，中国改革开放后直面第三次科技革命浪潮。它深刻地影响着世界上每一个国家和地区内部的社会经济结构，改变了人们的生存条件及生活方式，同时也对劳动力人口提出了要具有较高受教育水平的要求。为了适应社会发展，高等教育需要扩大规模，中国公民接受高等教育的机会不断扩大，高等教育毛入学率从1978年的1.56%跃升至2013年的34.5%，这表明中国已经开始跨入大众高等教育的阶段。进入20世纪90年代后，高等教育扩招的步伐开始加快，特别是1998年后的高校扩招使大学生在校规模迅速扩大，到2022年，全国各种形式的高等教育在学总规模达4655万人，我国成为世界上规模最大的高等教育国家[①]。

工程教育是产业革命的必然结果。产业革命的兴起，使社会对工程技术人才的需求不断扩大。当前我国经济、社会和高等教育都处在一个非常特殊的时期。工业化的任务尚未完成，信息化的要求又摆在眼前。在我国，传统产业与高新技术产业并存，劳动力密集型产业与资本型产业、知识密集型产业并存。我们既要保持经济高质量发展，又要降低能耗、减少污染。发达国家在过去百余年间完成的任务，我们要在短时期内完成。因此，从我国当前经济发展水平、产业的多样性和转型升级的紧迫性以及发达国家的经验来看，我国十分需要优秀的和多样化的工程人才。

未来高等工程教育的发展方向要积极配合并影响产业结构。具体来说，中国工程教育专业设置的改革发展方向应该是与中国现阶段工业化发展的进程特点（处在完成传统工业化与推进工业现代化两个阶段重叠进行的时期）相适应，保持专业的低重心（即传统工业化中起重要作用的专业工程人才培养）的同时，加快工业产业结构高加工度化和技术密集化所需要的新兴专业的工程人才培养[②]。

正是这种对工程人才的需求促进了工程教育的发展。由图1-1可知，1993—2021年，全国普通高校本科生招生总数与工科招生人数都呈现了逐年增高的态势，本科招生总数由1993年的386458人提高到了2021年的4445969人，工科招生人数由1993

① 2022年全国教育事业发展统计公报[EB/OL]. (2023-07-05)[2023-09-20]. http://www.moe.gov.cn/jyb_sjzl/sjzl_fztjgb/202307/t20230705_1067278.html.

② 张维，等.工程教育与工业竞争力[M].北京：清华大学出版社，2003：133.

年的 168312 人提高到了 2021 年的 1562825 人。这样的规模在一定程度上来说是适合中国工业发展的。但是随着中国社会的发展变化，工程教育为中国制造业强国战略提供工程人力资源的任务有了新变化。

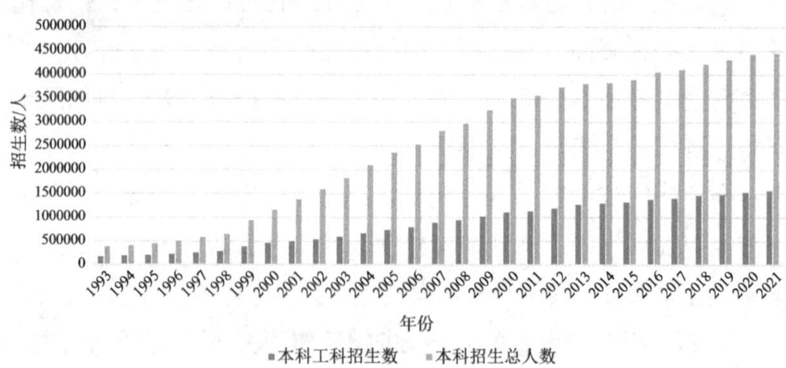

图 1–1　1993—2021 年全国本科与工科招生人数变化

资料来源：根据 1993—2021 中国教育统计年鉴[Z].北京：人民教育出版社 1994—2021 整理所得。

二、中国工程教育人才培养面临的问题

中国工业化进程仍在不断提升之中，工程教育也保持一定的规模，工程教育是否能够满足中国制造强国的战略呢？从已有相关研究和报道来看，目前中国工程教育在人才培养中面临着一些问题与挑战。

工程人才培养质量问题。联合国教科文组织的统计数据显示，中国高等教育中工科学生规模占整体的 35%左右（近几年所占百分比基本稳定在 31%左右），这一数量和规模排在世界第一

位，而在一些西方发达国家，工科生比例甚至不足10%[①]。从数据来说，我们国家工科生数量并不存在问题，但是国外研究者对中国工程人才培养质量提出了质疑，认为中国培养的工程师数量从1999年以来增长很快，但相对于美国培养的工程师来说，其质量和竞争力都不具备优势，美国依然处在领先地位[②]。同时工程人才培养质量问题也不断被国内的工程教育界和企业界提及。确实，在数量充足的背后，中国工程教育界需要探寻的是如何培养出更多优秀的工程师，让工程师能够在工程领域更好地发展。

工科学生学习的特殊困境。在许多发达国家和发展中国家，工程、科学和技术领域产生了生源短缺的问题。如何吸引和留住具有工程师潜质的学生，并促使工程专业的学生取得学业上的成功，成为工程教育研究领域一个重要的研究问题。工程师是一个专业性的群体，他们会表现出不同于其他群体的特质。在工程人才培养过程中存在这样的情况，由于工科课程自身的性质，工科学生学习工程知识会遇到一些共同的学习困难问题，这导致有学生离开工科。为什么相对其他专业来说，工科学生离开工程专业的现象更突出呢？有研究对2004年、2007年和2008年三个时间点离开工程专业的113名本科生进行了原因探究，结果显示：教学和指导不佳、工程课程的难度高、缺乏工程内在“归属感”，这三点是导致工科学生离开工程专业的重要原因[③]。

---

① 雷宇.如何拽回工科逃兵[N].中国青年报，2009-12-28（6）.

② Gary Gereffi, et al. Getting the Numbers Right: International Engineering Education in the United States, China, and India [J]. Journal of Engineering Education, 2008, 97(1).

③ Rose M. Marr, et al. Leaving Engineering: A Multi-Year Single Institution Study[J]. Journal of Engineering Education, 2012, 101(1).

工科毕业生逃离工程职业问题。国内最早开始关注这一问题是在 2009 年。当时《中国青年报》发表了一系列文章，介绍西方发达国家的情况，并采访了中国工程教育的专家，描述了中国工程教育中人才流失的情况。工程人才“逃离”这一问题在一些艰苦行业非常严重，例如煤矿行业。每年煤矿相关专业毕业的学生大概有 1 万名，最终进入煤矿行业的只有 800 名。按此数据简单计算，煤矿相关工科专业“逃离率”高达 90% 以上[①]。清华大学教育研究院的工程教育专家王孙禺教授则指出，工程人才流失还与传统工科的公众形象有关。公众对工程的认识需要提高，比如一说到机械，人们就会把工厂与工资低、下岗人员多联系在一起。但事实上，“传统工业正在不断升级转型，向深加工、高科技、高附加值方向发展”[②]。这些观念需要不断被人们认识和接受。

以上三点是已经存在的现实问题，未来工程教育还可能在以下方面面临挑战。一是中国适龄入学人口下降对大学招生的影响。2000 年，同 1990 年第四次全国人口普查相比，0—14 岁人口的比重下降了 4.80 个百分点[③]，2010 年，同 2000 年第五次全国人口普查相比，0—14 岁人口的比重下降 6.29 个百分点[④]。2020 年，与 2010 年第六次全国人口普查相比，0—14 岁人口的比重上升 1.35 个百分点[⑤]。从这三次普查数据来看，未来的学生数量呈现非

---

① 雷宇．如何拽回工科逃兵[N]．中国青年报，2009-12-28（6）．

② 雷宇．如何拽回工科逃兵[N]．中国青年报，2009-12-28（6）．

③ 中华人民共和国国家统计局．第五次全国人口普查公报（第 1 号）[DB/OL]. (2014-12-19). http://www.stats.gov.cn/tjsj/tjgb/rkpcgb/qgrkpcgb/.

④ 中华人民共和国国家统计局．第六次全国人口普查主要数据公报（第 1 号）[DB/OL]. (2014-12-19). http://www.stats.gov.cn/tjsj/tjgb/rkpcgb/qgrkpcgb/.

⑤ 中华人民共和国国家统计局．第七次全国人口普查公报（第五号）[DB/OL]. [2023-07-21]. https://www.gov.cn/guoqing/2021-05/13/content_5606149.htm.

常快的下降趋势（参见附录三）。据此朱高峰院士展望我国工程教育发展前景，预期的挑战之一便是“随着人口结构的变化，近年来参加高考的总人数开始下降，这意味着高校之间的竞争将加剧”[①]。二是大学期间专业的转换趋向自由。虽然目前在我国大学专业转换不是完全自由的，学生转换专业存在一定的难度，然而相较于过去，已经逐渐在改变，这会增加专业生源之间的竞争。三是工程教育回报率下降问题。工程类专业的毕业生，调查显示还是保持了较好的就业状况，然而需要注意的是“工程类大学毕业生无论是在就业数量还是在就业质量方面的优势均在减小，其中，工程类 2013 届大学毕业生的就业满意度、职业期待吻合度还低于非工程类”[②]。这样的情况在这几年调查中都出现了[③]。综上，未来中国工程教育中工科学生流失问题将会凸显出来。随着中国的产业升级变化，工程教育需要及早做出适应这种变化的准备。工程专业的优势地位已经开始下降，这种变化无法简单给出价值上的好与坏判断，但是确实会影响到我们国家工业现代化的建设。

① 朱高峰. 中国工程教育的现状和展望 [J]. 清华大学教育研究，2015（1）.

② 周凌波，等. 中国工程类大学毕业生 2013 年度就业分析 [J]. 高等工程教育研究，2014（3）.

③ 王伯庆，门垚. 我国工程类毕业生就业现状调查分析 [J]. 高等工程教育研究，2010（3）.

门垚，等. 我国工程类大学毕业生 2010 年度就业分析 [J]. 高等工程教育研究，2011（3）.

门垚，等. 我国工程类大学毕业生 2011 年度就业分析 [J]. 高等工程教育研究，2012（3）.

门垚，等. 中国工学类大学毕业生的就业与培养 [J]. 高等工程教育研究，2013（3）.

三、中国高等教育招生制度面临的难题

上述现象的产生有着复杂和综合的原因，可以从不同角度来寻求答案，本书将会从教育的视角来关注和解答这一问题。自从教育具有基本的社会职责起，国家就不能不关心教育。工业社会国家和正在工业化国家都对教育进行控制。反过来说，整个教育活动在某种程度上都受到国家所施加的影响，但这并不意味着国家必须垄断教育。有一点可以确定，当给个人的创造精神留出空间时，他可以更容易和更迅速地取得学业上的进步，因为个人比国家更愿意成为革新者。为了公共利益，国家应该除了自己更直接负有责任的学校之外，还应使其他学校得以发展。但这并不是说，国家应该对其他学校的情况不闻不问。相反，其他学校进行的教育仍应接受国家的监督①。

中国的政治、历史、文化等因素决定着国家对教育进行较为严格的控制。不过在改革开放中，中央和地方也对高考制度进行了一些改革，但是总体上来说，自从 1977 年以来高考基本制度没有质的变化。其中的改革有：一是招生选拔标准的单轨制。我国高考招生体制改革中，中间一段时间由单一的国家统招方式发展为统招生、定向生、委培生、自费生等多种形式，而最终合并为划定统一录取分数线、消除收费标准差别的“单轨制”。二是国家统招与大学的自主招生。2003 年，教育部批准北京大学等 22 所高校开始进行自主选拔录取新生的工作。到 2006 年，经教育部批准可自主选拔录取的高校扩大到 53 所。三是考试形式的变化。由全国统一考试变为一些省份单独命题。由于招生是各省份分别

① 张人杰.国外教育社会学基本文选 [M].上海：华东师范大学出版社，2008：13.

进行的，而考试的内容全国一样，这样就造成了在某些省份分数很高的考生有可能进不了北大、清华这样的大学，而有的省份的考生分数相对较低却能进入。有学生以教育权利不能实现进行了诉讼，加之地方对高考制度改革的诉求，北京、上海先后开始自主命题，之后又有 11 个省份加入。

这些改革措施没有改变高考制度以分数为依据的选拔标准，即使是增加了自主招生模式，也只有 53 所学校有 5%的自主招生额，数量较小，影响不大，加之其选拔的学生一般来自教育水平较高的大城市，学生成绩比较好，选拔中成绩仍是比较重要的标准。高考制度改革面临的困难很多，在作出种种尝试后，大家认识到高考仍将延续目前的状态。2014 年，国家对招生考试制度又一次做出了调整①，这次改革主要是方式的变化，使得管理更加灵活，也为未来的进一步改革做了铺垫，但是国家对教育的计划控制性这一点没有改变。

四、世界工程教育面临的共同难题

在西方发达国家，工程教育研究领域中有一个重要的研究问题，那就是如何吸引和留住具有工程师资质的学生。这一问题似乎并未成为当前中国工程教育的大问题，然而未来也许并不这样。正如我们国家的社会发展既面临着完成工业化的任务，同时还要迎接信息化社会的挑战一样。在不远的将来，工程教育的发展也将会面临吸引和留住具有优秀工程师资质的学生的难题。

---

① 中国政府网. 国务院关于深化考试招生制度改革的实施意见[EB/OL]. (2014-12-09). http://www.gov.cn/zhengce/content/2014-09/04/content_9065.htm.

（一）工科学生学习面临的特殊困境

工程师是一个专业性的群体，他们会表现出不同于其他群体的特质。在工程教育过程中也存在这样的情况，可以说由于工科课程的性质，工科学生学习工程知识会遇到一些共同的问题，导致有学生离开工科。

正如前文指出的，教学和指导不佳、工程课程的难度高、缺乏工程内在“归属感”，这三点是导致学生离开工程的关键原因①。

要想解决这一问题，就要根据以上三个原因提出相应的建议。首先需要解决的就是改善工程教学和指导。美国越来越多的大学设立了教学和学习中心，在那里教师们可了解最新的不同的学习方式、学生学习效果的调查结果，并获得建议调整自己的教学方法。

其次，工程不是也不应该是一个简单的专业。但是学生不需要因为课程过于难学而离开工程专业，需要研究提出具体的方法来帮助学生克服学习中的障碍。比如，传统工程课程的基础课程有数学、物理和化学，而这些课程往往由工程专业之外的部门来教学，在这些教学部门进行课程改革的过程中，需要考虑学生学习的体验因素，增加工程专业归属感。为了培养适合 21 世纪需要的工程师，美国国家科学基金会实施工程教育系级课程改革项目，支持部分大学的工程教育课程改革。佛蒙特大学作为其中之一，在土木与环境工程系实施了多年的课程改革，主要目的是培养学

① Rose M. Marr, et al. Leaving Engineering: A Multi-Year Single Institution Study[J]. Journal of Engineering Education, 2012, 101(1).

生形成系统性思维，全面考虑生态、社会与经济之间的利益统一，同时，开发服务学习课程项目，强调社区服务和学生学习两者并重①。工程课程改革取得了较大的效果。

中国比较热门的工程教育改革之一是推行CDIO工程教育模式。这一实际操作方式的愿景之一就是吸引和留住具有工程师资质的学生。在许多发达国家和发展中国家，在工程、科学和技术领域产生了生源短缺的问题。学生不会被吸引到大学的这些领域，或者他们没有留在相关专业，或者毕业后，进入其他领域。所有其他因素相同的情况，可取的方式是改革工程教育，以便使该专业对学生更有吸引力。因此，对于一个成功的工程教育改革的要求是："在不牺牲质量或内容的同时，对课程和教学方式进行修订，使得工程教育更具吸引力，保留和培养有资质的学生从事工程师职业。"②CDIO倡议当中重要的一点要求是使工程更加有趣，从而增加学生的学习动机，留住学生。许多学生被吸引到工程专业是基于工程能制造东西的信念。然而第一年传统的工程教育会让许多学生失望，因为通常第一年的课程主要是教授上面提到的数理化理论知识。因此，这就需要通过建设设计—实践的经验课程，来增加对学生的吸引力③。

（二）中国工程教育专业学生流失情况

已有的对中国工程教育专业学生流失问题的研究，往往是一

① 苑健，雷庆.美国本科工程教育系级课程改革——以佛蒙特大学为例[J].北京航空航天大学学报（社会科学版），2014（4）.

② Edward F. Crawley, et al. Rethinking Engineering Education: The CDIO Approach[M]. New York: Springer, 2007: 16-17.

③ Edward F. Crawley, et al. Rethinking Engineering Education: The CDIO Approach[M]. New York: Springer, 2007: 40.

些现象的描述、经验的感知，缺乏实证数据的有力支持。最新的两项研究为该问题提供了相对有力的数据支持。

第一项研究是中国的麦可思数据有限公司进行的部分本科院校的 2012 级新生调查。该调查不仅对工科学生情况作了分析，还与其他专业学生的数据进行了对比。这一调查的样本是比较大的。该调查分为“招生、入学教学调查”和“新生适应性调查”两部分。前一个调查时间为新生入学一个月之后，包括了 13 所本科院校，样本数包括工科专业学生 20596 人、非工科专业学生 32810 人。调查得出三点结论：一是工程类专业就业的吸引力突出，但不易唤起学生的“兴趣爱好”；二是工程类新生有意换专业的比例略高；三是少部分工程类新生曾有过退学意愿。该研究还发现工程类新生入学前对专业的认知度或认同感相对较低，提出了大学需要改善新生的专业认同度，从而培养其对于工程类专业的兴趣的建议。开展“新生适应性调查”的时间为大一第二学期开学时，包括了 12 所本科院校，样本数包括工科专业学生 19268 人、非工科专业学生 29074 人。调查得出的结论有：工程类专业新生存在跟不上课程进度问题。研究还发现工科新生课程投入时间与成绩呈正相关关系，投入的课外学习时间较长者可取得较好的成绩。该研究提出了高校应予以关注的问题，“怎样激发新生的学习兴趣，促使低分学生增加课外学习的时间并提高学习成绩”[①]。

第二项研究是研究者对西安交通大学 336 名大三工科学生考研或就业时的专业坚持意向进行了调查，也就是了解其是否会留在工科专业或从事工程师职业。“研究结果表明，在经历了三年的

① 王伯庆.工程专业生源及新生适应性分析[J].高等工程教育研究，2013（6）.

与工程教育的‘亲密接触’之后，仍有近40%～50%的学生意在选择‘逃离工科’。因此，工科大学生流失在我国已是一个不容忽视的现象。”[①]虽然该研究没有调查学生逃离工科的实际行为，但已有研究发现，专业“离开意向”是“实际离开行为”的一个重要的前因变量[②]。在中国目前的发展情况下，总体来说工科毕业生比人文社科类毕业生拥有更多的就业机会和相对较高的薪酬待遇[③]，但研究结果显示，这些外在因素仍不能阻挡一些工科大学生离开的脚步。该研究还通过性别、专业类别、父母教育水平、专业知识自信、职业契合自信等因素探寻影响学生留在工程专业的规律，虽然很有价值，但是其中的部分因素对于教育界来说是没有办法改变的，也没有对教学过程对其影响进行研究。

（三）中国工科学生流失加剧的影响因素

中国虽然现在已遇到工科学生流失的问题，但确实还不是很严重，工科在我国高等教育中所占的比重近年来一直维持在三分之一，总量和比重都是世界第一[④]。但我们跳出工程教育，以更宏观的视角来看，未来中国工程教育同样会面临如何吸引和留住工科生的问题，而未来这一问题的凸显主要基于以下三个层面的判断。这些问题不仅是工程教育需要面对的，也是整个高等教育需要面临的挑战。

---

① 王昕红，等.工科高年级大学生专业坚持意向及影响因素[J].高等工程教育研究，2014（5）.

② Hulin, C. Adaptation, Persistence, and Commit-ment in Organizations[C]//Dunnete M. D., Hough. Handbook of Industrial and Organizational Psychology. Palo Alto, CA: Consulting Psychologists Pres, 1991: 445-506.

③ 参考《高等工程教育研究》2009—2013年，我国工程类毕业生就业情况的系列报告。

④ 雷庆.中国工程教育发展报告2012[R].北京：高等教育出版社，2013：4.

1. 社会宏观层面

公共部门需要改革。中国高等教育的发展，深深烙上了国家和政府的烙印。任何的进展，都需要首先在政治改革之下才能改变。在计划经济时代，政府主导的计划的思想影响着方方面面，高等教育亦是如此，招生计划就是那个时代的产物，可以说这样的制度曾经为国家的发展起到了非常大的作用[①]。然而，今天随着时代的发展，还抱着这种思想来进行教育管理，就不太符合现在整个国家改革的趋势。虽然大学不是工厂，但这并不意味着高等教育仍然要以计划经济时代主导的思维来进行发展。我们国家确立了发展社会主义市场经济体制。这项改革如今更加深入，会对公共部门产生冲击。《中共中央关于全面深化改革若干重大问题的决定》提出要“加快事业单位分类改革，加大政府购买公共服务力度，推动公办事业单位与主管部门理顺关系和去行政化，创造条件，逐步取消学校、科研院所、医院等单位的行政级别。建立事业单位法人治理结构，推进有条件的事业单位转为企业或社会组织”[②]。今天的中国公共管理改革，更加要注重利用市场机制来改变我们的经济、社会、政府，当然大学也不能置身事外。这一改革的过程可能需要很长时间，在政治改革深入进行后，高等教育才能跟随其改革。

国家教育规划纲要中对我国考试招生制度改革做出了规划。其原则是“有利于科学选拔人才、促进学生健康发展、维护社会

① 就工程教育来说，无论是本专科在校生规模还是其在高等教育中的比重，保持了较高的比例，为中国工业化提供非常有力的人力资源支持。雷庆．中国工程教育发展报告2012[R]．北京：高等教育出版社，2013：4-5.

② 中共中央关于全面深化改革若干重大问题的决定[EB/OL]. (2014-12-19). http://www.news.cn/.

公平”，最终实现“学校依法自主招生，学生多次选择，逐步形成分类考试、综合评价、多元录取的考试招生制度”。高考制度作为招生考试中最为重要的一环，也需要不断“深化考试内容和形式改革，着重考查综合素质和能力。以高等学校人才选拔要求和国家课程标准为依据……逐步实施高等学校分类入学考试。探索实行高水平大学联考。完善招生录取办法，建立健全有利于专门人才、创新人才选拔的多元录取机制”①。可以说2014年，国务院关于深化考试招生制度改革的实施意见，正是对纲要规定内容的进一步细化实施，具体效果如何还有待检验。我们知道高考招生制度改革是中国教育中一个老大难问题，但是“必须坚持改革，在传统考试的基础上构建一个更加科学和更加公平的高考招生制度体系”②。这项改革涉及许多方面，公共部门的改革要顺应当今公共治理的趋势。首先，招生名额配置需要改革。“现行高校招生名额配置仍是计划模式”③有三大弊端：“一是高校自主权难以真正落实；二是人口规模大但高等教育规模小的省份考生升学机会明显偏低；三是一些中央部委直属高校在确定招生名额时明显对所在省份倾斜。”④现行招生名额分配方式的改革将会成为促进入学机会均等、保证教育公平的重要内容。其次，招生录取方式需要改革。需要“扩大高校招生自主权，使评价方式更加科学，健全优秀人才选拔的综合评价和多元录取机制”⑤。未来我们

① 国家中长期教育改革和发展规划纲要（2010—2020年）http://www.moe.gov.cn/.2014-12-27.

② 陈金芳.高考招生制度改革走向分析[J].教育研究，2011（10）.

③ 钟秉林.积极稳妥地推进高等学校考试招生制度改革[J].高等教育研究，2012（9）.

④ 钟秉林.积极稳妥地推进高等学校考试招生制度改革[J].高等教育研究，2012（9）.

⑤ 钟秉林.积极稳妥地推进高等学校考试招生制度改革[J].高等教育研究，2012（9）.

的招生的主动权会最终放给大学，当然，政府不会完全放弃控制，但是这种控制不能直接管理，而应该采取法律、经济等宏观手段来实行。

入学人口变化的影响。人口的变化趋势情况、年龄结构等因素会影响到一个国家的经济等许多方面。中国的劳动密集型产业面临用工荒，人口变动是其重要的影响因素，同样，这样的人口变动也将冲击高等教育。在这样的大趋势下，高等教育中的每一个学科都会受到影响。朱高峰院士对于我国工程教育发展前景的预期之一便是“随着人口结构的变化，近年来参加高考的总人数开始下降，这意味着学校之间的竞争将加剧”①。

人口结构的变化对于教育来说，最直接的影响是入学学生的数量。

其他学者也对中国的人口规模做出了预测。考虑到计划生育政策的影响和自然死亡率（不考虑一些历史突发事件），按照目前中国人口相对稳定的态势以及不同学者的研究，以四个不同的总和生育率 1.3、1.44、1.8、2.3 来预测，中国未来总人口会在 2021 年后迎来重大的变化，总人口的数量呈下降趋势，而这种趋势的变化是剧烈的（见图 1-2）②。正如我们面临的高等教育扩招对高等教育面貌的深刻改变一样，如今我们将会面临入学人口下降带来的新的挑战。

① 朱高峰．中国工程教育的现状和展望[J].清华大学教育研究，2015（1）.

② 孙明哲．使用六普数据对中国未来人口规模趋势的预测——兼论未来 50 年中国人口规模衰减的程度[J]. 北京社会科学，2014（5）.

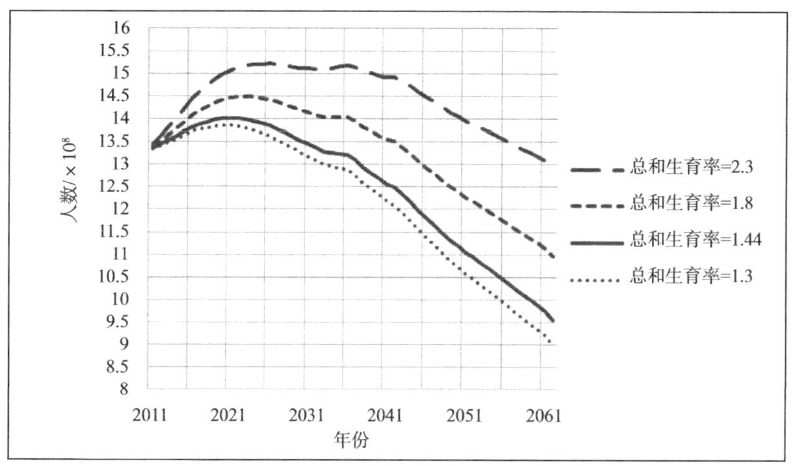

图 1–2 不同生育率下中国未来人口规模衰减情况

数据来源：孙明哲．使用六普数据对中国未来人口规模趋势的预测——兼论未来 50 年中国人口规模衰减的程度[J]. 北京社会科学，2014（5）.

中国作为一个发展中国家，以往的计划生育政策实施取得了很大成果，然而也面临着未富先老的问题。从世界 2005 年的统计数据来看，世界、发达国家和发展中国家（含中国）人口的年龄结构存在明显差异。从图 1-3 中可以看出我们国家的人口年龄结构中少儿的比例接近于发达国家，远低于其他发展中国家的平均水平，相差 12 个百分点①。

① 段成荣，等.新世纪之初的中国人口变化[J]. 人口研究，2006（3）.

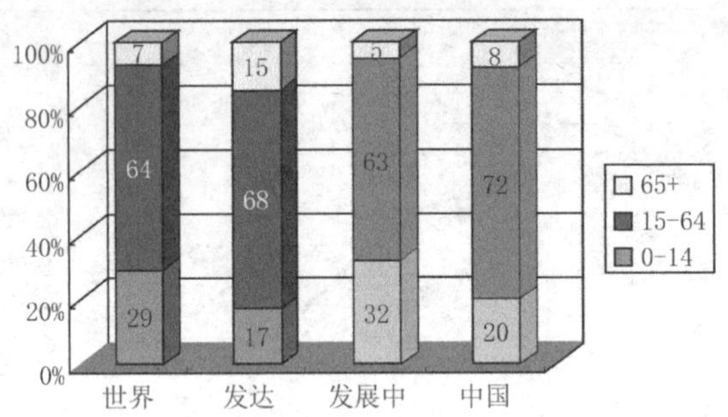

图 1–3　2005 年世界不同类型国家人口年龄结构

数据来源：中国数据来自 2005 年全国 1% 人口抽样调查主要数据公报，其他数据来自 Population Reference Bureau: 2005 World Population Data Sheet。

由于我们国家人口年龄结构的变化，以及我国高等教育的毛入学率的提高，需要进入大学的人逐渐在减少而高等教育提供的名额在增加。整体来说，想进入大学接受教育的学生的选择机会就更多了。这对高等教育也会带来很大的冲击，我国高等教育资源稀缺的状况有可能转变。一旦这种供大于求的情况出现，许多变化就会接踵而至。

2. 学校中观层面

专业的自主选择。“让每个学生都能学其所爱、学其所长，是培养创新型人才的前提，也是大学教育以人为本、因材施教的首要体现。”[①]学生是否能自由选择专业，既涉及教育的本质问题，即大学是否应该是每个学生可以获得自己想要的追求知识的场所，也涉及管理的问题，现代大学制度建设的内容就包括管理的科学化和合理化。虽然目前我国大学专业转换不是完全自由的，学生

① 宋伟涛. 大学转专业“无间道”[N]. 中国教育报，2014-10-28（005）.

专业转换存在一些问题，然而相较于过去，已经逐渐在改变。无论从教育满足人的发展的目的来说，还是高等教育管理水平的提高来说，未来肯定会实现学生自由选择专业。目前的计划制度让许多学生付出了时间成本，而这样的成本又是多么的高昂，人生有多少个四年可以任其流失。

2005年，教育部出台了《普通高等学校学生管理规定》，其中第三节第十八条对转专业作了规定："学生可以按学校的规定申请转专业。学生转专业由所在学校批准。学校根据社会对人才需求情况的发展变化，经学生同意，必要时可以适当调整学生所学专业。"①虽然作出了这样的规定，然而如何实施却没有说明。现实中各个高校出台了各自的规定。从《中国青年报》的调查报道和本人实际经历来说，目前的实际情况是，中国大学有三种模式可供学生重新选择专业。一是高校教育实验中，拔尖实验班的学生可以相对自由地选择专业；二是采取大类招生的办法，学生在二、三年级时才选择专业方向；三是学生在大一末或大二末等几个时间点，有一次或两次申请转专业的机会②。

目前大学专业完全自主地选择还无法实现，受到种种限制，如申请条件设定标准较高、转专业有名额限制、文理科之间不能转专业、集中于一两个时间点且等待时间长等③，但是教育部已经考虑到学生学习专业的兴趣问题（当然其中也包括就业等其他一些重要因素）。也就是说按照学生的兴趣，因材施教是高等教育未来发展的一个趋势。而且当前我们国家有学校已经在实践学生

① 普通高等学校学生管理规定[EB/OL]. [2014-12-27]. www.gov.cn.

② 宋伟涛. 大学转专业"无间道"[N]. 中国教育报，2014-10-28（005）.

③ 张莹. 我国高校大学生转专业现状分析[D]. 沈阳：沈阳师范大学，2014.

自主选择专业的政策，具体可参见《中国青年报》的报道[①]。而国外的情况是，有研究者考察了美国的7所著名大学后得到结论："学生不仅都是在明确自己的兴趣之后选择专业，而且选择专业之后如果兴趣发生变化，可以比较容易地改变专业。"[②]不只是这些世界排名前20的学校如此，美国的其他学校学生转换专业也很容易。笔者在美国普渡大学留学期间，从与中国留学生的交流中得知，只需要学生提出申请就可以换专业。我们要建成现代化的大学，需要满足学生专业选择的自主性。

未来大学入学人数的下降，将会加剧学校之间的竞争，同样学科专业之间的竞争也会越来越激烈。如管理类、经济类在招生方面的比重就有较大提高。这会促使高校在管理上做出变革以提高自己的竞争力，目前虽然只有部分有条件的学生转专业，但这已成为一些高校招生宣传中吸引学生的一项重要的优势条件。学生自主选择专业的真正实现，还需要高校在管理上进行改变，真正实现学分制，改变现在的学分学年制。当一个专业可以按照培

---

① 中国科技大学从2002级本科生开始实施以学生兴趣为导向、自主选择专业的创新举措。该校本科生入学后至少有三次自主选专业的机会：进校一年后，学生根据自己的兴趣，在全校范围内自主选择学院或学科类；二年级的春季学期可以参加由学校统一组织的中期分流，有接收条件的院系申报计划，由教务处向学生统一公布，学生根据个人兴趣申请；二年级及更高年级的学生每学期均可个别申请转专业。该校还规定，对成绩好的学生要求转专业，所在院系不允许"设卡"。院系即使想卡也卡不住，因为只要学生提出来，另一院系同意接收，教务处就直接将学生的"关系"转到相关院系。中科大的做法并不能适用于所有高校，由于中科大本科生规模小，专业多集中在理工科，各个学科实力差别不大，因此可以实现专业自由选择，同时可以激励院系教师提高课堂质量来吸引好的学生。这种做法对其他学校并不一定适用。宋伟涛. 大学转专业"无间道"[N]. 中国教育报，2014-10-28（005）.

② 金顶兵. 美国七所世界一流大学本科生专业选择的比较分析[J]. 北京大学教育评论，2006（3）.

养方案计划好的知识系统，按照课时学分进行授课，就在制度上为学生自由选择专业提供了保证。

3. 家庭微观层面

高等教育的吸引力下降。在一定时期内，中国的教育对于大多数家庭来说承担了向上流动、实现生活水平改善的重大功能。然而，随着我们国家的发展，人民生活水平的提高，就业压力开始逐渐减少了。经过改革开放 40 多年的发展，人们的生活水平得到了很大改善，虽然我们国家人均收入还不是很高，但是收入的趋势是在不断增加的（见图 1-4），无论是在农村还是在城市，家庭都积累了一定的财富。再说，接受高等教育是否能够促进生活水平的改善，目前正受到质疑①。加之教育促进社会流动作用的弱化，不接受高等教育或许会成为一大批人的选择。未来“蓝领”工人们比一些办公“白领”薪酬高将会变成一件非常普通的事。事实上，在很多欧美发达国家，“蓝领”工人工资高，仿佛是一种“国际惯例”②。

---

① 根据中国社科院发布的《2013 年中国大学毕业生就业报告》，2009—2012 年，本科毕业生的平均每月工资以 12% ～ 13%的复合增速，从 2369 元上涨到 3366 元。同时，农民工每月平均工资正以每年 17.4%的复合增速，在三年里从 1417 元攀升到了 2290 元。笔者推测，在未来农民工的工资水平不但会接近本科毕业生的薪酬，甚至可能还会远远超过。这一残酷的现实给我们传统大学教育的认知带来了前所未有的挑战。侯延琨. 大学生就业难与中国劳动力变局[EB/OL]. [2015-01-27]. http://www.ftchinese.com/.

② 侯延琨. 大学生就业难与中国劳动力变局[EB/OL]. [2015-01-27]. http://www.ftchinese.com/.

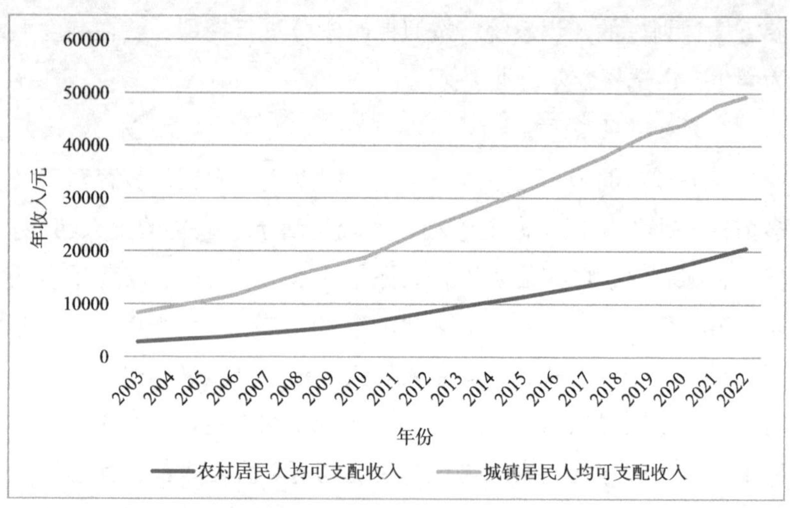

图 1-4　2003—2022 年城镇居民与农村居民人均可支配收入变化情况

数据来源：国家统计局网站。

工程教育的回报率在下降。当今家长为子女投资教育会考虑到回报率问题，据此选择让子女从事何种职业。工科专业对学生的吸引力曾经非常大，工科毕业的学生不仅能获得较高的社会地位，还能找到较好的工作。然而随着社会发展，这样的情况正在发生变化。

20 世纪 90 年代初至今，工学学科招生总量没有减少，但是在本科招生中所占比重却呈现下降态势（见图 1-5）。从宏观数据得出的一个合理解释是各个学科之间招生产生竞争，加之学生专业选择意愿越来越受到重视，新中国成立之初工科招生的优势受到冲击，面临更加剧烈的竞争，优秀生源由于具有更强的选择能力，会存在不选择工科的情况，即存在优秀学生“逃离工科”现象。

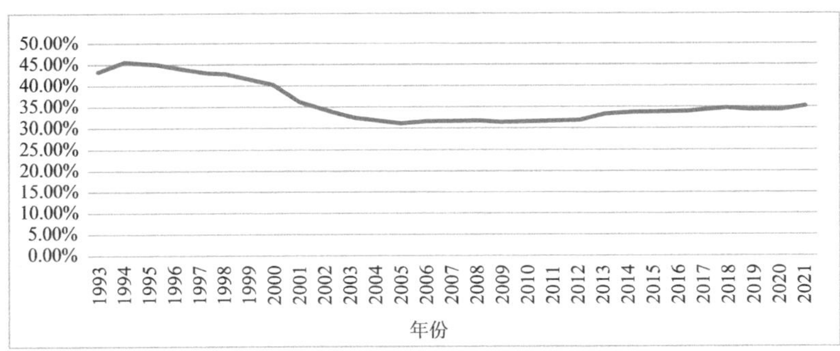

图 1-5 1993—2021 年工学本科招生人数所占本科总招生人数百分比情况

数据来源：中国教育统计年鉴，作者在数据基础上计算得出。

另据《中国高考状元调查报告》①，近年来，全国选择经济管理专业的高考状元有增无减，其“扎堆现象”愈发明显，特别是最近 5 年，全国 54.96% 的高考状元选择就读经济管理专业，而且这个比例呈现逐年上升趋势。当然这个调查存在一些不足，不能简单断定是全部考生的情况，但是由于其社会关注度高，影响是巨大的，而且也反映出了当今社会的一些情况。工程专业的优势地位已经开始下降，这种变化无法简单给出价值上判断的好与坏，但是确实会影响到我们国家工业现代化的建设。

工程类专业的毕业生，目前来说还是保持了较好的就业状况，然而需要看到“工程类大学毕业生无论是在就业数量还是在就业质量方面的优势均在减小，其中，工程类 2013 届大学毕业生的就业满意度、职业期待吻合度都低于非工程类”②。这样的情况在这几

① 2014 中国高考状元调查报告 [EB/OL]. [2015-01-27]. http://www.cuaa.net/.

② 周凌波，等. 中国工程类大学毕业生 2013 年度就业分析 [J]. 高等工程教育研究，2014（3）.

年调查中都出现了，而且随着中国的产业升级变化，工程教育需要做出适应这种变化的准备。

第二节　研究问题的提出

工程教育需要不断进行变革以满足经济社会发展的需求。通过前面对问题与挑战的分析可知，有些问题并不是工程教育单独能解决的，有些问题在当前工程教育中似乎更为紧迫，但本书主要基于现实，着眼于未来，考虑工程教育学校教学中能够改善同时具有研究意义的问题。

首先，教学是大学的基本职能和人才培养质量的保障。工程类专业学生学习的特点表明工程教育者需要更好地设计课程，采取更合理的教学方式，以增加学生在课程学习过程中良好的体验。良好的教学与课程设计是提高工科学生培养质量的重要因素之一。

其次，工程教育需要关注学生的学习及意愿。近年来，国家提出了“卓越工程师教育培养计划”，大学也在积极探索培养卓越工程师的模式与路径。然而，在这一过程当中不能忽视教学的主体之一——学生自身的学习能力和学习投入的作用。工科学生在大一阶段的课堂学习经历，将会是他们工程职业认同与定位形成的关键时期。这意味着工科新生在工程课程教学活动中形成的工程职业认同与定位可能会对他们未来的工程专业坚守和职业生涯的选择产生重要影响。当然，大一仅仅是工科学生从事工程职业的开端，他们可能会在日后改变自己的选择。本书没有调查学生逃离工科的实际行为，但已有研究发现，专业“离开意向”是

“实际离开行为”的一个重要的前因变量[①]。

再者，目前国内的高等教育制度很少从学生的内在学习动机与兴趣方面来关注学生未来职业的发展。中国高考录取制度主要是以分数为标准对学生进行筛选，通过分数高低决定考生能够进入不同层级的大学，选择不同的专业。在这样的制度下，学生（包括家长和所在高中学校的老师）为了获得利益的最大化，不至于使分数浪费，都会尽量选择能够达到目标的更好的大学和专业。在学生专业选择的影响因素中，调查统计结果显示占据首要位置的是“有把握录取”，比例高达63.3%[②]。现实中不排除部分学生是按照自己的兴趣来报考专业的，但目前看来还是少数，大多数学生对自己报考的专业是茫然的。此外，中国的计划招生制度是保障工科学生规模的重要措施，但是也限制了学生大学期间专业的自由选择。学生专业的选择在填报志愿的时候就决定了。许多学生并不知道专业对自己意味着什么，自己的能力是否胜任，导致学生学习一段时间后发现并不喜欢或适合自己的专业。这也是现实中学生离开某个专业的原因。这种情况应该尽早解决，否则等本科毕业通过研究生招生考试换专业，对学生和高校来说都付出了巨大的成本。

在这样一个短期内不会发生改变的计划招生的教育制度和工程教育面临问题的情况下，工程教育在关心学生的分数之外，更需要思考工程教育关键衔接期——大学一年级的工程基础课程的

---

① Hulin, C. Adaptation, Persistence, and Commitment in Organizations[C]//Dunnete M. D., Hough. Handbook of Industrial and Organizational Psychology. Palo Alto, CA: Consulting Psychologists Press, 1991: 445-506.

② 彭开智.地方高校生源质量的影响因素分析——基于长江大学的调查研究[J].长江大学学报（社会科学版），2012（12）.

教学，对学生的经历感知以及工程职业认同、学业成绩、未来专业和职业选择预期等产生了什么样的影响，最终寻求维持与提高工科学生的内在学习动机的答案。

笔者着眼于工科新生的课堂教学活动以及对其今后职业发展的影响，最终形成本书的问题：工程专业新生的工程课程的学习经历如何影响了学生的工程职业认同、学习成绩、未来专业和职业选择意愿。

具体来说，本书拟探索解释如下问题：

1.工科新生在工程基础课程中的学习经历与他们的工程职业认同是否存在相关关系？

2.工科新生工程基础课程学习经历、工程职业认同是否能影响他们的课程成绩，以及选择工程专业和工程师职业生涯的意愿？

此外，虽然目前女性学生选择工程专业的数量有所提升，但是相对于工程教育的发展历史来说，工程教育研究中对女性学生的培养规律认识相对较少，因此本书增加了性别的维度，期望有新的发现。

面对日益激烈的国际竞争，从20世纪90年代开始，美国工程教育界逐渐对本科阶段工程领导教育和工程领导人才的培养给予高度重视，不仅实施了各种工程领导教育计划，而且还开展了深入、细致的研究。近年来，清华大学、浙江大学、天津大学、同济大学、北京航空航天大学等也进一步加强了工程专业优秀本科生培养，并明确提出培养领军人才的目标。相对于美国来说，国内的研究还主要是理念上的介绍。如国内有学者基于拔尖创新人才的内涵对其成长规律、培养理念进行阐释[①]；也有学者从面向创新型国家建设的角度论述了科技领军人才的素质养成、专业能力形成、创新能力激发等问题[②]。虽然有学者对我国研究型大学资优学生本科学习经历进行了问卷调查[③]，但这一调查没有体现出工科学生的特点。因此，本书增加了不同培养方式的维度，意在探索工程领导、领军人才培养的规律。

第三节　研究意义

一、理论意义

随着工程教育的日益发展，相关组织和研究人员试图构建工程教育学学科。工程教育研究虽然在中国也有了一定的发展，但仍然还不成熟，还处在发展的初期。一个研究领域成为学科，还需要研究者们不断系统化知识，构建学科体系。美国国家工程教育研究指导委员会在一份报告中提出了未来工程教育研究的五个关键主题领域：1.工程认识论：研究在现在和未来的社会背景下，工程思维和知识构成是什么；2.工程学习机制：研究在各种情境中，工程学习者如何发展知识和能力；3.工程教育系统：研究教学文化、制度基础和工程教育工作者的认识；4.工程多样性和包容性：研究人类如何才能促进多样化的解决方案应对社会和全球性

① 周其凤，等.研究型大学与高等教育强国[M]北京：科学出版社，2009：67-101.

② 刘少雪.面向创新型国家建设的科技领军人才成长研究[M].北京：中国人民大学出版社，2009：1-24.

③ 庄丽君，刘少雪.我国研究型大学资优学生本科学习经历的调查报告[J].清华大学教育研究，2009（6）.

挑战，以及如何关联到工程教育；5.工程教育评估：研究、开发评估的方法、工具和指标，指导工程教育的实践和学习①。本书的研究，能够丰富工程教育研究在工程学习机制、工程教育系统和工程教育评估等方面的认识，这对促进工程教育学科化具有一定理论价值。

此外，研究问题中包含的变量以及相互之间是否存在关系的分析，虽然已有研究者在其他群体中对部分维度进行了考察，但是尚未有研究在工程专业的学生群体中检验与应用。从理论上讲，研究中提出的一些动机相关理论在各级教育中的作用是相似的，但在何种程度上，对不同群体作用是否有差异等方面是未知的。通过这样的研究，未来在不同学生群体之间比较本书提出的变量以及具体维度，了解这些不同动机因素在不同学生群体之间对其成绩和职业生涯期望的不同影响是非常有意义的。

二、现实意义

在工程发展的历史中，女性工程师的数量相对来说较少，研究以性别的视角来探索目前工程教育中女性学生的动机行为、成就和职业生涯规划等方面之间的相互作用是非常重要的。研究结果可能会改变工程教育者对女性工程师学习经历的理解，有利于改革教学方式，更好地培养女性工程师。

培养工程领导人才是建设创新型国家的需要。因此近年来，清华大学、浙江大学、天津大学、同济大学、北京航空航天大学

---

① The Steering Committee of the National Engineering Education Research Colloquies. Special Report: The Research Agenda for the New Discipline of Engineering Education[J]. Journal of Engineering Education, 2006, 95(4).

等进一步加强了工程专业优秀本科生培养。本书研究将会对拔尖创新班工科生的培养具有一定的指导意义。

此外本书提供的研究结论将会为工科教师在教学改革以及教育部门对工程教育培养方式进行改革时提供理论与数据的支持。工科教师可以在他们的课程设计时考虑更切实可行的建议。教师必须明白他们使用的特定的教学策略背后原理是什么，而不是仅仅靠经验行事。如果不明白背后的理论策略，现实中有可能错误地运用。无论是经验丰富的教师还是新任教师，希望研究结果能够成为他们教学当中有用的参考工具。

第四节 研究方法与步骤

一、文献分析法

一定意义上来说，每一项研究都必须要运用文献研究法，本书也不例外。通过文献阐释激励动机的MUSIC模型，在此基础上基于研究问题增加工程职业认同的变量，这两者构成了本书框架的重要组成部分。本书的问卷编制也是在已有文献的基础上完成的。

二、问卷调查法

调查可用于描述性、解释性或探索性的研究，通常以个体为研究单位。问卷调查是以书面提出问题的方式搜集资料的一种研究方法。研究者将所要研究的问题编制成问题表格，以当面作答方式填答，从而了解被试对某一现象或问题的看法和意见。问卷法的运用，关键在于编制问卷、选择被试和结果分析。本书在文献分析的基础上，基于已有的研究中使用的量表，抽取组成本书的调查问卷，对案例大学工科新生群体进行问卷调查，收集数据并分析。

研究中量表采取李克特量表形式，刻度分为1—6。李克特所发展出来的复合量表类型，试图通过在问卷调查中使用标准化的回答分类来提高社会研究中的测量层次，并由此来决定不同项目的相对强度。假设调查样本是否同意某项陈述，最终可以给每个指标赋予分值，得分在一定范围内，能计算对每一项陈述表示意见的指标平均分值。李克特量表的优点在于它清楚的回答形式。李克特量表很好地解决了受访者回答涉及不同程度的不同答案时，研究者得以了解受访者的相对同意程度的问题。本书正是从学生的角度，通过他们的回答来了解学生的感受与态度。

三、研究的步骤与主要结构

艾尔巴比在《社会研究方法》中提出了实证研究的计划路线图[①]，这也成为本书遵循的一个思路（见图1-7）。当然研究计划的线路并不是单向的，在现实的研究过程中，进入后期的研究时，有时候需要研究者回过头来修正前面的部分，反之亦然，研究就是在这样的一个不断反复的过程中完成的。

---

① 艾尔巴比.社会研究方法[M].邱泽奇，译.北京：华夏出版社，2005：104-111.

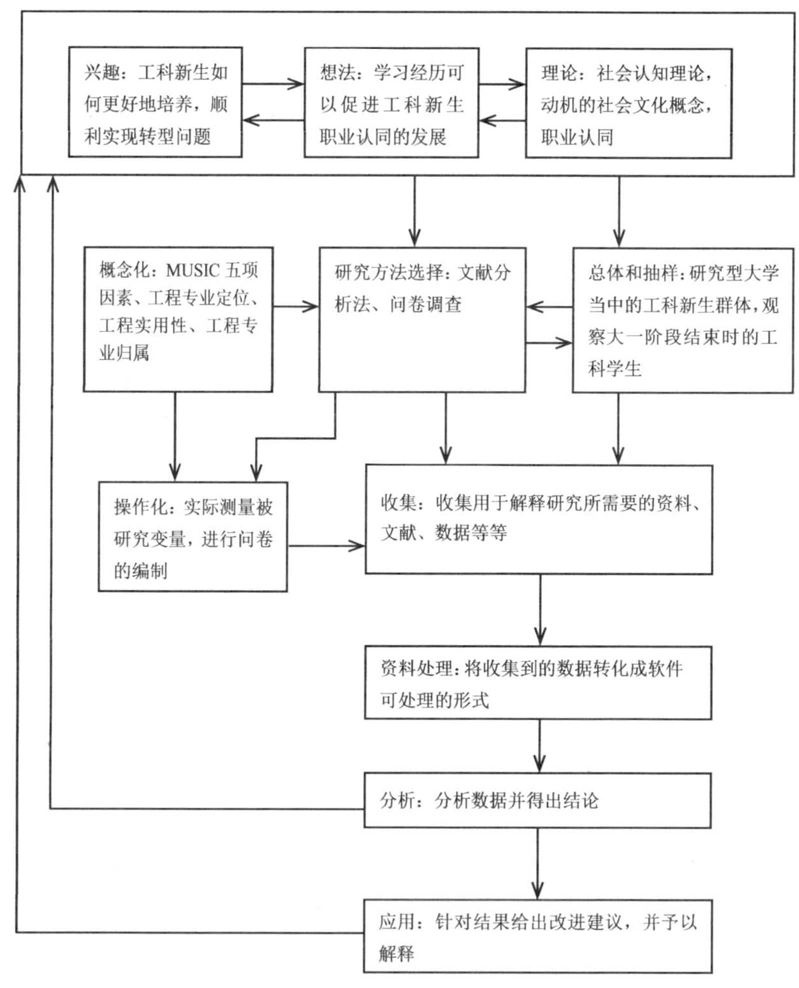

图 1–7 研究过程与步骤

本书分为四个大的部分。绪论部分指明了对工科新生课堂学习经历对其专业成长的影响这一问题进行研究的必要性，进而提出研究的具体问题，阐述了进行研究的思路和运用的方法，研究将会对我国工程教育研究有理论和实践价值；第二部分是对研究问题进行文献综述，梳理相关研究，在此基础上论述与阐释研究所建立的理论分析框架；第三部分是描述调查研究过程以及基本信息，解释如何制定调查工具、采集数据并进行数据分析，并对研究结果进行了讨论；最后的部分是根据研究结果提出具有可操作性的三点建议。

第二章　国内外工科新生培养研究动态

第一节　国内研究动态

一、工科新生培养的研究

通过在中国知网的检索发现，对工科新生这一群体的研究目前国内还很少。而且已有的研究比较零散，没有明显的主题，研究多停留于对现象的描述，没有深入研究工科新生的培养规律。但是近年来随着工程教育研究水平的提高，也出现了有价值的研究。本书按照时间和研究内容的顺序进行综述。

有学者对工科新生的英语学习进行了研究。一项研究主要是考查当时高校新生的实际英语能力问题，期望对高校新生英语水平作科学的定量分析①。另一项研究是对广州大学2000级工科生进行了一次英语学习观念和策略的调查，在调查基础上对新生英语学习观念和策略的训练提出了建议②。

有研究者试图明确高校工科新生的心理发展变化、工科新生

① 黄人杰，冯玉柱.高校文理工科新生英语水平调查分析[J].外国语（上海外国语学院学报），1984（5）.

② 杨文滢，冯清梅.工科新生英语学习观念和策略调查报告[J].广州大学学报（综合版），2001（6）.

独有的特征，期望了解原因，研究对策，以便能够为培养21世纪合格人才提供一些理论基础[①]。提出的问题很好，但该研究结果并没有体现出工科新生的独特心理特征。

有两项研究从工科新生入学教育方面进行了研究。它们认为大学新生入学教育与专业引导对大学新生的角色转变和专业认识有重要作用。一项研究针对工科大学专业的特点，提出了一些建设性内容，希望能够吸引新生的学习兴趣和对专业的认可，引导新生制定大学学习生活的目标，提高自身素质与修养，为大学四年的学习做出良好的开端[②]。另一项研究主要是提出要把科技创新意识融入入学教育活动设计，促使入学教育工作纳入创新人才培养体系[③]。但是两项研究没有解决新生入学教育时间短，如何保证培训效果的问题，以及如何测量效果等问题。

有一项研究在对大学工科新生职业生涯规划现状进行调查分析的基础上，结合职业生涯规划教育，提出了工作思考及建议，以期提高工科新生思想政治教育工作成效[④]。这一研究并未对工程课程学习的影响进行研究。

有研究提出了提高高校大一新生学习动力的方法，认为帮助大一新生明确目标、找到努力的方向和前进的动力成为高校对大一新生教育引导的首要任务。该研究主要是介绍了“学长专业指

① 高平.高校工科新生的心理特征分析及对策[J].大同职业技术学院学报，2004（2）.

② 刘伟，等.工科大学新生入学教育与专业引导[J].产业与科技论坛，2009（5）.

③ 吕新铭.基于科技创新意识培养的工科新生入学教育活动设计[J].科技资讯，2015（6）.

④ 吴涛.工科新生职业生涯规划现状调查与思想政治教育工作[J].吉林省教育学院学报（学科版），2011（1）.

导制”的平台方式[①]。

有研究者对工科新生的自我同一性发展问题进行了研究。通过对陕西科技大学 400 名工科新生的自我同一性发展现状进行量化研究，结果显示：新生所学专业不会对学生的自我同一性发展产生太大影响；性别因素会影响到学生的自我同一性发展；在不同性别的自我同一性状态分布没有显著的变化；城市与乡村的差异也给工科新生自我同一性的发展带来了影响；不同家庭背景在一定程度上也影响了工科新生自我同一性的发展。针对调查研究结论，该研究对促进工科新生自我同一性的发展从不同性别、城乡差异和不同家庭背景三个角度提出了建议[②]。这一研究具有一定研究深度，但是研究的内容主要集中在影响学生学习的社会因素上，对教学活动没有关注。

中国麦可思数据有限公司对部分本科院校的 2012 级新生做了大样本调查。该调查不仅对工科学生情况作了分析，还与其他专业学生的数据进行了对比。调查分为“招生、入学教学调查”和“新生适应性调查”两部分。第一个调查结果显示：一是工程类专业就业的吸引力突出，但不易唤起学生的“兴趣爱好”；二是工程类新生有意转换专业的比例略高；三是少部分工程类新生曾有过退学意愿。该研究还发现工程类新生入学前对专业的认知度或认同感相对较低。第二个调查结果显示：工程类专业新生存在不能跟上课程进度问题。研究还发现工科新生的学习投入时间与成绩呈正相关关系，工科学生投入的课外学习时间较长，则取得的成绩越高。报告提出了高校应予以关注的问题——“怎样激发新

① 肖小琼，徐红.提升工科新生专业学习能力新路径探析[J].中国教育学刊，2012（S1）.

② 何静.大学工科新生自我同一性研究[D].西安：陕西科技大学，2014.

生的学习兴趣，促使低分学生增加课外学习的时间并提高学习成绩”[①]。

二、工科学生学习经历研究

大学生学习经历方面的研究，国内从2009年开始有研究论文发表，之后2011年研究型大学学习经历调查进入中国，所以2013年有较多的研究论文发表，但总体来说研究数量不多。其中许多研究采用了加州大学伯克利分校的SERU-I问卷，方法上以调查研究为主。可以说国内的研究基本上是处于学习美国相关研究的阶段。此外，工程教育领域的相关研究很少，目前国内有关学习经历的研究还没有关注到国内工科学生这一专业群体。但是已有的对学习经历的内容和作用的研究对本书有很大借鉴作用。

有学者选取上海交大教改联读班作为个案研究，从选择联读班的原因、专业确定依据、课外时间安排、本科期间的学习压力以及参与本科生科研活动的情况等学习经历情况，对该班毕业生和在校生进行问卷调查。通过对调查结果的分析，他们提出：应将现有的大学招生录取前就确定专业，改为在两年基础课学习的基础上或过程中让学生根据自己的实际情况和兴趣爱好选择本科专业，同时研究型大学应为学生的专业选择提供专业介绍等各种服务；参加任何一种形式的课外活动，包括本科生科研项目以及为优秀学生安排的荣誉项目等，都是影响学生在大学里学习的重要因素，因此包括本科生科研在内的研究性学习有待进一步加强[②]。

---

① 王伯庆.工程专业生源及新生适应性分析[J].高等工程教育研究，2013（6）.

② 庄丽君，刘少雪.我国研究型大学资优学生本科学习经历的调查报告[J].清华大学教育研究，2009（6）.

有学者采用研究型大学本科生学习经历（SERU）调查，以南京大学大二至大四的本科生学习经历满意度为研究对象，调查分析了个人背景变量对学生满意度的影响；同时选取加州大学伯克利分校进行中美比较分析。结果表明：学生的个人背景变量（性别、专业、年级、学生干部经历、家庭阶层）对于本科生学习经历满意度均有显著性影响，但除学生干部经历外的其他四个背景变量对其满意度影响的现实意义不大；南京大学本科生学习经历的满意度显著性低于加州大学伯克利分校，尤其是在学术经历的满意度方面两校呈现出较大的差距；课程建设、课外活动、个人学术能力、校园风气以及环境支持在不同程度上影响本科生学习经历满意度，其中课程建设对其影响最大[①]。

有学者采取调查问卷和开放性访谈的方法，以目前在外的工程类留学生、有过对外交流经历的大学工科生以及从未有过留学经历的大学工科生为研究对象，自制学习经历测评问卷，从校园氛围、课外活动、教学方式、社会支持和跨文化适应情况等5个维度测评学习经历，采用威廉斯创造力倾向测量表，从想象力、好奇心、挑战性和冒险性等4个维度测评个体创造力。结果表明：外国留学经历对大学工科生创造力产生正面影响；有过对外交流经历的大学工科生创造力水平最高。在测评学习经历的各项因子中，课外活动对创造力的影响最为显著；对于长期在外留学的工程类学生来说，跨文化适应情况对创造力的影响最为显著[②]。

有学者构建了学术参与、学习环境和学习结果相互作用的大

① 夏菁.南京大学本科生学习经历满意度研究[D].南京：南京大学，2013.

② 郑尧丽，等.国外留学经历与大学工科生创造力的关系研究[J].高等工程教育研究，2013（1）.

学生学习经历概念模型，在研究加州大学伯克利分校的SERU-I问卷的基础上，构建涵盖三个模块（学术参与、学生生活和目标、背景和个人特征等核心问题；全球化技能与认知或技术的使用等与科学研究相关的问题；通识教育、课堂学习环境等亚洲国家大学的专门问题）和六个部分内容的本科生就读经验的调查问卷，并在西安交大的学生中进行了调查。通过对大学生学习经历的具体内容进行建构和数据分析，得出结论：大学生的学术参与水平较高；大学生对自身的教育经历比较满意；学生感知的课堂学习环境和校园氛围较好；大学生的智慧能力发展状态较好；大学生学习经历的三个构成维度之间存在显著的联系①。

有学者通过对中美两国学习经历的比较，提出中国教师应该借鉴美国教育的成功之处，提倡以学生为中心的教学理念、改革授课方式与提升教师的教学水平、创造民主与开放的教育环境、注重学生批判性思维与创新能力的培养②。

有学者认为大学学习经历是指大学生在大学期间的学术融入和社会融入情况，并以这两个维度为中介变量，测量大学学习经历，分析学习经历在大学毕业生初职获得过程中的作用。利用湖南省和湖北省的两所高校的调查数据，运用多元回归分析，得出如下结果：个人先赋性因素和个人学习经历是影响大学毕业生初职获得过程的两大因素，前者的影响大于后者的影响，并且前者主要以直接影响方式发挥作用；家庭经济背景在影响大学毕业生

① 陆根书，等.大学生学习经历：概念模型与基本特征——基于西安交通大学本科生学习经历的调查分析[J].高等教育研究，2013（8）.

② 李杰，周黎桑.中美大学教育模式差异分析——基于中美两国的学习经历[C]//西安外国语大学，美国华人人文社科教授协会.首届中国问题中美学者高层论坛摘要集.2013：1.

初职获得的先赋性因素中发挥着最主要的直接影响作用；学习经历在毕业生初职获得过程中发挥了一定的绩效性作用，总的来说，社会融入的绩效性比学术融入更明显[①]。

有学者以我国研究型大学中的贫困生为研究对象，采用加州大学伯克利分校的SERU问卷作为调查工具，通过调查贫困生与非贫困生在学习过程及学习结果中的不同表现，分析家庭经济因素是如何影响大学生学业参与程度及学习经历满意度的。结果表明：二者在入学初学业能力水平、学业参与过程以及整体学习经历满意度等方面均存在显著性差异。这种差异在一定程度上反映了家庭经济资本对高等教育过程及结果公平的影响[②]。

综上，从已有的研究可以看出，对于学生学习经历的调查试图了解影响学生学习经历的多方面因素，是一个综合的调查，课程教学活动是其中一项非常重要的维度。研究型大学学生学习经历调查以高校为基本单位，可以进行横向比较。虽然这些研究探索了影响学生学习经历的因素，同时报告了学生学习经历的情况，但是缺乏对改进学生学习经历的相应研究。虽然对一些学习经历中的外部因素进行研究非常有意义，但是显然这些因素是教育无法改变的。对教育来说更重要的是在已有学生自身情况的基础上，探索如何发挥自己的作用。

三、工科学生学习动机问题的研究

通过文献检索，较早对工科学生学习动机的研究是在1988

① 沙磊，朱生玉.大学学习经历对毕业生初职获得的影响[J].重庆高教研究，2013（5）.

② 熊静，余秀兰.研究型大学贫困生与非贫困生的学习经历差异分析[J].高等教育研究，2015（2）.

年。研究者研究了学习动机与年级、性别、城乡、成绩情况等之间的关系，结果显示：当时学生第一、二、三位主导性学习动机是求知——获取知识，竞争——在社会竞争中取得优势和报恩——报答父母之恩。不同的性别、年级、城乡分类中，第二、三位的动机会有差异，而且不同成绩水平的学生的学习动机呈现一定规律性。研究表明学习动机的性质、层次，直接影响着学生的学习效果与质量①。

之后这一问题不再受到关注，直到21世纪初相关研究才逐渐增多。主要是对工科大学生的学习动机②、自主学习③、学习动机水平④等情况进行了实证的调查研究。

此外，有研究对工科与人文学科的学习动机做了比较研究。对文科专业和工科专业大学生进行的调查显示，学习优秀的大学生在自我效能感、学习效能感、内部动机、外部动机、学习定向、证实定向、回避定向等方面均不存在显著差异。此外文科和工科的学习不良的大学生在自我效能感、内部动机、学习定向、证实定向、回避定向均不存在显著差异，而在学习效能感、外部动机上均存在显著差异，工科学习不良的大学生的学习效能感低于文科的学习不良的大学生，外部动机却高于文科的学习不良的大学生⑤。还有一个类似的研究，研究了大学生一般自我效能和学科特

---

① 王雪生，宋川.工科大学生学习动机的调查与分析[J].高等工程教育研究，1988（3）.

② 张爱莲.对137名非重点工科院校大学生学习动机的调查与分析[J].焦作工学院学报（社会科学版），2001（1）.

③ 毛国红.工科大学生自主学习现状的调查与分析[J].安徽工业大学学报（社会科学版），2008（4）.

④ 蔡廷栋.不同专业大学生学习动机水平调查研究[J].科技信息，2011（14）.

⑤ 万伟.两类大学生的自我效能感、学习动机和成就目标定向的比较[D].南京：南京师范大学，2006.

定性自我效能对总评成绩和特定学科专业成绩的影响作用。研究发现电子信息工程专业学生的自我效能和一般自我效能均对电子信息工程的学业成绩有显著影响；电子信息工程专业学生的自我效能对成绩的解释率较高；男生的学科专业成绩显著低于女生[①]。

还有研究者研究了自我效能感、学习动机与拖延行为之间的关系。该研究通过对北京航空航天大学和北京科技大学的工科学生进行调查发现：一是男生在内部学习动机、无学习动机及回避性拖延上的得分均显著高于女生。不同年级的工科大学生在自我效能感、学习动机的 3 个维度及回避性拖延上的得分均有显著差异。二是唤起性拖延与自我效能感存在显著负相关，与无学习动机、回避性拖延存在显著正相关；回避性拖延与自我效能感、内部学习动机、外部学习动机、无学习动机存在显著的正相关。三是学习动机的 3 个维度均可正向影响回避性拖延，其中内部学习动机的影响作用最为明显[②]。

在上述研究解释了工科大学生学习动机的现状下，一些研究者开始研究如何能够激发工科生的学习动机等[③]。还有一篇论文对一定时期的工科生学习动机研究的部分内容做了综述[④]。

已有的研究显示，虽然研究者们逐渐关注工科学生学习动机

① 张雅君.大学生一般自我效能感和学科特定自我效能感与学业成绩关系的研究[D].北京：首都师范大学，2004.

② 邓士昌.工科大学生自我效能感、学习动机与拖延行为的关系[J].贵州师范学院学报，2012（8）.

③ 郑林科，王建利.大学生学习动机激发学习动力的影响模型研究——基于西安石油大学 13154 名抽样学生的分析[J].西安石油大学学报（社会科学版），2008（4）.

王瑾.对工科专业大学生学习动机问题的反思[J].当代教育科学，2009（23）.

④ 杨卫平，黄馨馨.工科院校大学生学习动机及行为研究[J].中国电力教育，2011（20）.

的相关研究，但是并没有把这些研究与工科学生专业、职业选择联系起来。正如前文研究意义中所指出的，目前研究中对工科学生学习动机的研究对教师教学支持不足，没有关注学生工程职业选择问题，对男女学生的学习动机解释得不充分，对于工科新生的关注不足。

四、职业认同的研究

笔者在中国知网以“职业认同”为主题进行检索，发现目前国内运用职业认同理论对大学教育阶段人才培养的研究主要集中在免费师范生这一群体。工程教育研究领域还没有相关的文献。由于教师和工程师都是非常明显的职业群体，因此本书对免费师范生的职业认同相关研究进行综述。

虽然用职业认同理论对免费师范生这一群体的研究时间不长，但是从已有的资料来看，研究的内容涉及与免费师范生相关的各种因素，研究方法以实证为主，开展了大量的实地调查、访谈等。这样大量的研究对如何更好地培养免费师范生提供了理论与数据支持。学者们对免费师范生的研究值得工程教育领域学习借鉴，用来研究工科生的培养。

目前用职业认同理论对免费师范生群体进行的研究主要有以下几个方面：免费师范生职业认同的构建并实证验证；免费师范生职业认同现状与影响因素的实证研究；免费师范生职业认同的现状调查；职业认同对免费师范生的作用；免费师范生与其他群体的职业认同比较；实习实践对免费师范生职业认同的影响实证研究。

免费师范生职业认同的构建并实证验证。学者在借鉴国内外有关教师职业认同研究的基础上，提出了免费师范生教师职业认同的三维结构模型（内在价值认同、外在价值认同、意志行为认同），并进行了探索与验证，结果表明：免费师范生的教师职业认同总体水平略高于平均水平，在内部价值认同、外部价值认同、意志行为认同三个因子上依次显著降低，并在生源地、性别、年级等人口学变量上存在显著差异[①②]。学者认为免费师范生的职业认同包括四个维度：职业价值、职业意愿与期望、职业意志、职业效能。研究结果表明：免费师范生的职业认同较高；免费师范生职业认同在学校、性别上存在显著性差异；免费师范生职业认同的高低与师范生的一般自我效能感，学风、专业满意度存在显著正相关[③]。也有学者从“认同”概念的释义入手，对免费师范生教师职业认同概念作了界定，分为职业认知、职业情感、职业意志、职业能力和职业价值观几个维度；从社会组织和个体两个方面分析了免费师范生教师职业认同的建构机制；探析免费师范生教师职业认同的特点：主体能动性、建构可塑性、发展变迁性和形成递进性[④]。学者将免费师范生的教师职业认同分为四种类型，研究考察了四种类型学生的分布特点及其在学习动机上的表现。结果表明：免费师范生的教师职业认同可划分为四种类型——热爱型、兴趣型、功利型、回避型；四种类型的免费师范生在性别、年级和生源地上呈现出不同的分布特点；四种类型的免费师范生在学

① 赵宏玉，等.免费师范生的教师职业认同：结构与特点实证研究[J].教师教育研究，2011（6）.

② 赵宏玉，等.免费师范生教师职业认同量表的编制[J].心理与行为研究，2012（2）.

③ 曾丽红.免费师范生职业认同现状调查与对策建议[D].重庆：西南大学，2010.

④ 胡苗锋.免费师范生教师职业认同研究[D].上海：华东师范大学，2012.

习动机水平上差异显著[①]。也有学者对六年制免费师范生的教师职业认同的结构与特点进行调查。结果发现：六年制免费师范生的教师职业认同由职业情感认同、职业价值认同、职业地位认同、职业技能认同四因素构成；六年制免费师范生对教师职业价值的认同较高，对职业情感、职业技能的认同偏低；教师职业认同的性别、年级、专业差异显著[②]。另外有学者以地方院校免费师范生为对象，构建生源地归属、县域服务、社会支持等认同维度，考察其职业认同特征。结果表明：地方院校免费师范生总体职业认同度较高；在县域服务、生源地归属、社会支持三个维度上的认同度依次降低；其中对重要他人、学校、政府的认同度存在显著差异[③]。

免费师范生职业认同现状与影响因素实证研究。研究以新疆师范大学免费师范生为研究对象，对现状及影响原因进行了研究。结果显示：免费师范生总体教师职业认同程度略高于非免费师范生总体教师职业认同程度；免费师范生的教师职业认同程度在性别、是否为独生子、户口所在地和家庭月收入变量上不存在显著差异；免费师范生的教师职业认同在是否定向、民族、年级和专业变量上存在显著差异；免费师范生的教师职业认同及各因子与一般效能感、职业价值观各维度存在不同程度的相关性；一般效

① 魏彩红，等.免费师范生的职业认同类型及其学习动机特点研究[J].教师教育研究，2013（3）.

② 范兴华，等.六年制免费师范生的教师职业认同结构及特点[J].心理研究，2014（2）.

③ 李佳源，等.免费师范生角色认同及强化途径探寻——基于成都市某高校免费师范生培养现状的实证研究[J].教师教育学报，2014（5）.

能感和发展促进是内在价值认同的有效预测变量[①]。此外，有学者对新疆 5 所大学的免费师范生进行了问卷调查和访谈。结果显示，免费师范生在性别和生源地上不存在显著差异，在是否为独生子女、专业、年级、民族以及家庭月收入上差异显著[②]。

也有研究对北京师范大学免费师范生的教师职业认同及其影响因素进行了调查分析，结果发现：免费师范生群体更重视成就实现、兴趣性格和家庭维护等职业价值观；免费师范生的职业认同较高，且受到政策和重要他人两个外部因素的影响，而社会促进的价值观有利于其教师职业认同的促进[③]。

学者认为免费师范生的身份认同过程经历了个体认知、社会比较和群体认同三个阶段。由于国家政策的不确定性、对于责任与义务构成因素的担忧以及人生规划的限制等三方面原因，免费师范生陷入了一定的身份认同困境。要帮助免费师范生走出身份认同的困境，需要国家、社会和学校三方面的努力[④]。

也有研究从免费师范生对中小学教师职业认同的总体状况及影响因素进行调查分析，得出结论：免费师范生对中小学教师职业认同的总体水平较高，但对中小学校领导、工作环境、工作报酬不太满意，且存在显著的性别、学科背景、入学动机等差异[⑤]。

---

① 张帆.免费师范生教师职业认同现状的调查与建议[D].乌鲁木齐：新疆师范大学，2013.

② 蔡文伯，赵芸.新疆免费师范生职业认同现状调查及对策研究[J].当代教育与文化，2015（2）.

③ 封子奇，等.免费师范生教师职业认同及其影响因素研究[J].河北师范大学学报（教育科学版），2010（7）.

④ 石艳.免费师范生身份认同研究——基于对某师范大学招收的第一批免费师范生的调查[J].教育发展研究，2010（4）.

⑤ 刘屹.影响免费师范生职业认同的因素分析与对策思考[J].新课程研究，2009（7）.

免费师范生职业认同的现状调查。有三项研究都对陕西师范大学在读免费师范生进行了研究，第一项是免费师范生对中小学教师这一职业的认同情况①。第二项调查结果显示：免费师范生的教师职业认同在专业、家庭居住地等方面不存在显著差异，但在年级上呈现显著差异②。第三项调查发现：总体来说，免费师范生的教师专业认同现状呈现良好的态势，但也存在着一些问题，主要表现在：免费师范生自我专业建构的意识淡薄；自我定位与教师职业定位不明确；专业认知与行为存在不协调性③。

也有研究者对华东师范大学的免费师范生进行了调查，研究发现：免费师范生对教师职业认同度较高；免费师范生的职业认同度存在性别差异，女生的认同度更高，更加倾向于选择教师作为自己未来的职业；地区差异上，来自城镇的免费师范生对于教师职业认同度更高。来自东部城市的免费师范生对教师职业认同度最高，而中部与西部的免费师范生的认同度相当；不同学科专业的免费师范生对于教师职业认同的差异不明显；免费师范生寻找工作的进度也对职业认同产生影响；学生们选择成为免费师范生的原因、对于政策的满意程度以及对未来工作的担忧与期望等都对免费师范生的职业认同产生影响④。

职业认同对免费师范生的作用。学者考察了免费师范生职业认同状况、内部和外部学习动机特点，以及教师职业认同、学习动机和学业成就之间的关系。结果发现：教师职业认同和学习动

① 李录志，等.免费师范生教师职业认同现状调查[J].当代教师教育，2011（2）.

② 符伶伶，等.免费师范生的教师职业认同现状调查与对策建议——以陕西师范大学为例[J].黑河学刊，2013（2）.

③ 晋燕云.免费师范生的教师专业认同研究[D].西安：陕西师范大学，2011.

④ 王莉萍.免费师范生职业认同感的实证研究[D].上海：华东师范大学，2014.

机、学习动机和学业成就之间均存在显著的正相关，且教师职业认同对学业成就有稳定的预测力；外部学习动机在教师职业认同和学业成就之间起了部分中介的作用[①]。也有学者研究了免费师范生的价值观、职业认同和学习动机之间的关系[②]。

也有学者对就业免费师范生的职业认同、压力状况和工作满意度之间的关系进行研究，结果发现：就业后免费师范生的职业认同与压力状况负相关；就业后免费师范生的职业认同与工作满意度正相关；职业认同在就业后免费师范生的压力状况和工作满意度中起部分中介作用[③]。有研究探究免费师范生职业生涯适应力对学习成果和求职绩效的影响，以及职业认同在其中的调节作用，调查结果表明：免费师范生职业生涯适应力对学习成果、求职绩效有显著的正向影响；职业认同具有显著的调节作用[④]。

另有学者研究了免费师范生对教育政策的满意度、从教动机、职业认同的特点及其相互之间的关系。结果发现：免费师范生的政策满意度和从教动机高于或略高于一般水平，职业认同水平较高，在内部不同维度水平上差异显著，并在总体水平及不同维度上受年级等因素影响；免费师范生的政策满意度与从教动机、职业认同显著正相关，从教动机在支持性政策满意度与职业认同之间起部分中介作用，在限制性政策满意度与职业认同之间起完全

---

① 张燕，等.免费师范生的教师职业认同与学习动机及学业成就的关系研究[J].心理发展与教育，2011（6）.

② 毛雪莹，等.免费师范生价值观、职业认同与学习动机的关系[C]//中国心理学会.第十五届全国心理学学术会议论文摘要集，2012：1.

③ 赵丽，李录志.免费师范生职业认同对职后工作满意度的影响[J].当代教师教育，2013（3）.

④ 于海波，李旭琬.免费师范生职业生涯适应力对其学习和求职的影响：职业认同的调节作用[J].中国特殊教育，2015（8）.

中介作用；政策满意度和从教动机对职业认同的中介效应模型在性别、生源地和年级上不存在显著差异[①]。

免费师范生与其他群体的职业认同比较。学者对华中师范大学的免费师范生和非师范生进行调查。结果发现：非师范生在职业期望与意志、职业情感和职业行为倾向上的得分显著高于免费师范生；两组被试的学业动机和职业认同在各人口学变量上存在不同程度的差异。从性别看，男女生分别倾向于以内部调控和外部调控学习为主；男生的职业价值观高于女生。从年级看，内部调控水平随年级升高，大二时最高；外部调控水平随年级下降，大三时最低。免费师范生的职业价值观的得分显著高于非师范生。从家庭经济收入状况看，家庭经济收入高的学生，在内部调控和外部调控学习上得分都显著高于家庭经济收入低的学生，且在职业期望与意志维度上的得分高于家庭比较困难和一般的学生[②]。

有研究对辽宁师范大学的师范生职业认同的现状进行了研究，在性别等方面做了差异分析和归因分析。结果显示：非免费师范生教师职业认同总体水平并不是很高；在性别、家庭所在地、年级、实习情况四个维度上其认同程度有差异，具体为：女性高于男性；来自农村的高于来自城镇的；早实习的高于晚实习的；从大一到大四，认同程度逐渐降低；此外，是否参加学生会对非免费师范生教师职业认同无影响[③]。

---

① 赵宏玉，张晓辉.教育政策对免费师范生从教动机、职业认同的影响[J].北京师范大学学报（社会科学版），2015（4）.

② 张微，等.免费师范生学习动机和教师职业认同的现状调查[J].武汉交通职业学院学报，2013（2）.

③ 罗星.非免费师范生教师职业认同研究[D].大连：辽宁师范大学，2014.

实习实践对免费师范生职业认同的影响实证研究。对免费师范生教育实习前后的教师职业认同感进行了调查，研究发现：免费师范生对教师职业认同水平较高，而教育实习对免费师范生的教师职业认同没有促进的作用，相反，教育实习后，免费师范生的教师职业认同在职业期望与职业情感维度存在显著性降低。调查中也发现：男生的教师职业认同感显著低于女生，这与以往的相关研究结论相同①。从个人知识的角度，调查了英语专业免费师范生。对免费师范生实习前和实习后职业认同的变化进行比较，并对影响职业认同形成的相关经验以及因素进行探析②。

有两项研究对新疆地区的免费师范生在实习支教前后的职业认同进行了调查研究，一项结果发现：新疆免费师范生实习支教前后教师职业认同得分不存在显著差异，内在价值认同存在正相关；实习支教中，文科生总体教师职业认同和内在价值认同显著提升，而理科生教师职业外在价值认同显著降低；在实习支教过程中文科生总体教师职业认同和内在与外在价值认同的提升显著高于理科生③。另一项研究发现：支教后职业认同总体虽略有提高，但职业价值观、职业期望两个维度略有下降，职业能力与职业情感均显著提高，行为倾向略有上升；教师职业认同与学习动机显著相关④。

① 邓杰.教育实习对免费师范生职业认同感的影响[D].重庆：西南大学，2012.

② 徐本伟.个人知识视角下英语专业免费师范生职业认同研究[D].重庆：西南大学，2011.

③ 张冬梅.实习支教中的教师职业认同发展研究——以新疆免费师范生为例[J].学理论，2014（29）.

④ 王阳，关文军.支教前后非定向免费师范生教师职业认同研究——以新疆师范大学首届免费师范生为例[J].贵州师范学院学报，2014（12）.

以上研究显示，目前对免费师范生的职业认同构成没有形成统一的认识，研究者在各个方面进行探索，总体来看同国外研究具有相似的内容与结构。职业认同是个体对某一职业的积极态度和强烈的投入感，体现为个体维持该职业的愿望和对该职业的喜欢程度[①]。教师职业认同在许多研究中并没有统一的概念界定，如有研究者从其形成的过程角度出发进行界定，也有研究者强调其不同方面的张力，还有人认为教师职业认同是一个动态过程[②]。目前有关教师职业认同的研究主要集中于不同视角的概念和模型界定[③]、影响因素研究[④]、与其他变量的关系研究等方面。在研究方法上，较多采用质的方法，如访谈、传记和材料分析等[⑤]，也有一些研究者采用量化的方法来研究，主要采取自编问卷进行[⑥]。

---

① Blau, G. J. The Measurement and Prediction of Career Commitment[J]. Journal of Occupational Psychology, 1985(58).

② Conway, P. Anticipatory Reflection while Learning to Teach: From a Temporally Truncated to A Temporally Distributed Model of Reflection in Teacher Education[J]. Teaching and Teacher Education, 2001(17).

③ Goodson, I. F., Cole, A. L. Exploring the Teacher's Professional Knowledge: Constructing Identity and Community[J]. Teacher Education Quarterly, 1994, 21(1).

④ Beijaard, D. Teachers' Prior Experiences and Actual Perceptions of Professional Identity[J]. Teachers and teaching, 1995, 1(2).

⑤ Lamot, C., Engels, N. The Development of Student Teachers' Professional Identity[J]. European Journal of Teacher Education, 2010, 33(1).

⑥ Mueeay, Jean., Male, Trevor. Becoming A Teacher Educator: Evidence from the Field[J]. Teaching &Teacher Education, 2005, 21(2) .

第二节　国外研究动态

一、工科新生培养的研究

西方高等教育研究领域一个关注热点是大学第一年教育（First-Year Education，简称FYE）。关注大学第一年的教育并不是新的现象。早在1877年，约翰霍金斯大学就建立了一个教师顾问系统，1889年哈佛大学也建立了新生顾问委员会①。现代意义的FYE运动始于20世纪70年代，80年代获得发展的势头，盛行于90年代，并一直持续到现在②。由于这是学生由高中阶段向大学阶段学习转型的重要时期，在这个转型过程中学生面临环境、心理和学习等各个方面的挑战，所以研究者和实践者认为，帮助大学新生迎接挑战并顺利转型，对于学生进一步继续学业、树立正确的学习态度、提高大学的教育质量具有重要的意义③。

美国高等教育在20世纪60年代末期急速向大众化阶段迈进，随之而来的是校园内充斥着大量背景各异、学习能力参差不齐的学生。虽然实践和保障学生学习自由的理念和制度，但是多元化的学生群体极易出现大量转退学的问题。于是，当时一些大学管理者及学者之间逐渐形成了这样的共识：要引导学生留在校园继续学业并最终支持他们取得成功，就必须高度重视大学第一

---

① Gordon, V. N. Origins and Purposes of the Freshman Seminar[C]//In M. L. Upcraft, J. N. Gardner, and Associates (eds.), The Freshman Year Experience: Helping Students Survive and Succeed in College. San Francisco: Jossey-Bass, 1989.

② Hunter M S, Murray K A. New Frontiers for Student Affairs Professionals: Teaching and the First-year Experience[J]. New Directions for Student Services, 2007(117).

③ 刘小强，蔡玉莲.大学第一年教育（FYE）：研究、实践和启示[J].江西师范大学学报（哲学社会科学版），2014（3）.

年的教育。1972 年，南卡罗来纳大学首开先河在其正式课程中为新生设置了专门的教育内容，1986 年又成立了“全国第一年教育研究中心”①②。20 世纪 80 年代以后，FYE 日益受到美国大学的广泛重视，据美国哈特研究协会于 2009 年发布的调查报告《通识教育发展走向与新兴实践》（Trends and Emerging Practices in General Education）显示，有 73% 的大学管理者提出过去五年他们更强调大学“第一年教育”，以帮助学生完成大学生活的转换③。

美国大学“第一年教育”有清晰的教育理念支撑，即帮助新生完成大学生活的转换，了解大学的任务和学习方式，理性认识自我与社会，及早规划学术和人生发展并为未来发展奠定良好的基础。基于这些理念，美国大学“第一年教育”一般有系统的教育内容，并形成了一些有特色的教育活动④。

“大学第一年教育”如今已遍及美国、加拿大、澳大利亚、新西兰、南非、瑞士、英国、阿联酋等 30 多个国家，内容还涉及“学习技能的获取”“适应大学生活的支持”“校区各种资源及设施说明”“创造与教师的交流机会”“提高社会生活技能与构建和谐人际关系”“提高分析能力和批判性思考能力”“提高新生自尊意识”“确立大学共同体”等方面。在形式上，以小班的正规课程为主，并配备各种课外活动⑤。今天美国的 FYE 的功效已不仅限于防

---

① History of the First Year Seminar & University 101 Program [EB/OL]. http: //sc. edu/univ101/ aboutus/ history. html, 2015-01-20.

② 丁妍.重视“大学第一年教育”已成全球共识[N].中国教育报，2009-09-10（7）.

③ Hart Research Associates. Trends and Emerging Practices in General Education [R/OL]. http://pdfcast.org/pdf/trends- and- emerging- practices- in- general- education, 2010-08-18.

④ 江净帆.美国大学“第一年教育”探析[J].教育与职业，2011（9）.

⑤ 丁妍.重视“大学第一年教育”已成全球共识[N].中国教育报，2009-09-10（7）.

止学生的转退学，它被广泛地看作一种帮助学生从中学向大学的平稳过渡，为他们的学习及人格成长提供支持，使他们成功获取必要的学习和社会能力的综合性教育项目。“大学第一年教育”已更多地被看作提高学生对学术的理解、促进学生心理成长、培养学生综合能力的必要手段。

与美国相比，日本大学着手FYE还是近些年的事情，两者足足相差三四十年。日本“大学第一年教育”课程关注的是大学基础教育如何顺利向专业教育过渡的问题，比如面向新生的名为“专业学科”“专业导航”等的课程在很多大学均有开设。虽然日本实施FYE比较晚，但是它在FYE课程中引进了产业界的“一般技能”概念。“一般技能”被解释为“适用于任何职业迁移的广泛能力”，具体包括信息处理技能、问题解决和思辨能力、人际关系技能以及责任感、时间管理等个人技术和特性，此举在人才的培养上拉近了高校与业界的距离①。

尽管美、日两国在FYE侧重点上有所不同，但它们都意识到大学的第一年是大学生四年学习生涯中最为重要的时期，影响深远。目前，虽然我国高校也普遍有新生入学教育和迎新活动，但新生教育一般是关于各种学生管理制度的学习，以教师讲授为主，迎新活动则一般由学生自行组织开展，以文体活动居多。虽然这些活动也能解决新生所面临的一些问题，但因在总体上缺乏清晰的教育理念支撑，因此往往容易流于形式。今天，在我国寻找高等教育大众化阶段解决学生培养问题的方法时，可以把改革第一学年教育作为提高高等教育人才培养质量的突破口，帮助学生在

① 丁妍.日本加强“大学第一年教育”[J].上海教育，2009（10）.

整个大学阶段乃至今后的职业生涯中走向成功。

同样，在美国的工学院当中，越来越多的学校开展这样的项目（尽管名称可能不同），目的在于吸引和留住工科新生，并使其在学业上获得成功。这一方面的研究可以说涉及工科新生的方方面面，研究非常丰富。这里主要介绍一下普渡大学的新生计划项目。普渡大学本科工程教育在美国工程教育中占有重要地位①，同时也是世界工程教育研究的重要中心，工程教育系可以说是第一个独立授予工程教育学博士学位的单位。由于其工科的优势，工学院招生的数量在大学中占第一，每年至少有 1600 名新生。早在 20 世纪的 50 年代初，工学院就设立了新生工程学系（The Department of Freshman Engineering），对工科新生进入大学的学习过程中给予特殊的指导和帮助。直到 2008 年，院系机构调整，成立工程教育系，上述项目才纳入全新的新生计划（First-Year Engineering Program）。它是根据工程教育中的一些改革而制定的一套新综合培养方案。进入工学院的新生先不分专业，按照培养方案学习一年，一年以后根据各种标准再选择专业。该培养计划以工程为导向，详细地规定了培养目标、课程设计、教师指导、学生互助、奖惩措施等方面内容，最终目的在帮助工科新生对工程专业有一般概括性了解，为第一学年之后的工程专业学习打下坚实的基础，理性地选择将来适合的工学方向，做出合理的职业规划②。可以看到，美国高等教育十分注重阶段转换时期学生学习

① 授予工科学士学位数量 2013 年在全美工学院中排在第 4 位。Engineering College Profiles & Statistics Book[EB/OL].http://www.asee.org/papers-and-publications/publications/college-profiles.2015-01-27.

② 雷庆，巩翔. 普渡大学工学院新生计划及启示[J]. 高等工程教育研究，2009（2）.

适应状况，而且把这项工作作为高等教育本身的任务，而不是简单地把学生的不适应归咎于大学前教育。

二、工科学生学习经历研究

对于学生学习经历的研究在近些年来逐渐受到研究者的重视，美国主要有三项对学生学习经历的研究调查项目。

一是，在美国广泛开展的大学生学习投入与大学影响力调查研究项目，并由此发展而出美国大学学生学习投入调查（NSSE），其中一个子调查项目是对工科学生学习投入情况进行调查。

随着传统的大学排名的方式（即强调大学资源和声誉）转变为强调学生学习和有效教学实践的新教育质量评价和监控体系，越来越多的学者致力于研究影响院校教育质量的内外部因素，逐渐产生学生学习性投入的研究和大学对学生影响力的研究，许多学者提出了相关概念和测量模式，其中有代表性的提法有，教育心理学先驱泰勒（Ralph Tyler）主张学习任务投入时间的积极效果[①]；佩斯（C. Robert Pace）提出的努力质量的概念，当学生在教育任务中投入的时间和精力越多，从学习和大学体验的其他方面，如同辈互动、师生互动、将所学知识技能运用到具体情景和任务中等活动收获的也就越多。阿斯汀根据其多年对学生参与的研究结果建立了“学生参与理论”（Student Involvement），他认为学生参与是指学生投入大学体验中的时间和精力。这种参与是多方面的，包括学术研究、参加学校课程以外的活动、与全体教职员工

① Merwin, J. C. Historical Review of Changing Concepts of Evaluation[C]//R. L. Tyler (ed.), Educational Evaluation: New Roles, New Methods: The Sixty-Eighth Yearbook of the National Society for the Study of Education, Part II. Chicago: University of Chicago Press, 1969.

和其他同学的互动。参与理论认为，学生在大学体验中的参与程度越高，越有利于学生的学习和个人发展[①]。对教育者来说，此理论最重要的观点是，学校的教育政策和实践要有效地吸引学生的参与。汀托（Tinto）在他的社会和学术整合理论中指出，整合的过程是学生与教师或者同伴之间的互动，是共同分享知识和经验的过程，而学生对学术系统和社会系统的参与度和满意度直接决定着他们的整合程度[②]。

这一研究领域中最具代表性的研究者当属乔治·库恩（Kuh, G.D.），他在阿斯汀和佩斯等人研究基础上，综合自己多年的研究结果，正式提出“学生学习性投入”这一概念。学生的学习成果受到个体背景因素（包括先天因素及后天努力因素）和院校提供的环境因素的影响。学生的背景和行为投入是其学习的基础，经过努力投入及学校的教育作用，学生获得一定的学习成就。库恩认为学生学习性投入程度越高，在知识、技能、认知、智力等方面得到的发展就越大[③]，而较高的学生学习性投入度离不开高校的有效的教育实践和所创造的条件。学生在大学期间教育活动的投入度比他们选择就读的大学本身更有价值。有关大学生发展的大量研究显示，学生投入教育活动的时间和精力的多少是他们学习成果和个人发展的最佳指标。学生对课程投入的时间和精力越多，

① Pace, C. R. The Undergraduates: A Report of Their Activities and College Experiences in the 1980s[R]. Los Angeles: Center for the Study of Evaluation, UCLA Graduate School of Education, 1990.

② National Institute of Education. Involvement in Learning[R]. Washington, D.C.: U.S. Department of Education, 1984.

③ Kuh, G.D. Assessing What Really Matters to Student Learning: Inside the National Survey of Student Engagement[J]. Change, 2001, 33(3).

学习到的知识也就越丰富、越扎实。投入多样的有效教育活动，能帮助学生培养有意义而且令人满意的社会生活所需要的技能和素质。换句话说，学习性投入有助于发展学生思维习惯和心智，扩展他们继续学习和个人发展的能力①。

美国高等教育领域的某些学者坚持相信有必要搜集有效数据指导改进教学。其中一位就是艾德顿（Russ Edgerton）。早在1998年，艾德顿召集某些专家讨论转变大学质量的全国评价方式。从传统的大学排名的方式，即强调大学资源和声誉，转变为强调学生学习和有效教学实践的可信实证。讨论提出区别于传统大学排名的方式，采用有效、可信并被广泛使用的对大学生行为和体验的调查，更具教育价值和意义②。学生较多投入有益教育活动的学校较那些学生参与类似活动较少的院校具有更高的附加值，因此需要将学生精力引导到恰当的活动中并鼓励其积极参与活动。教师和管理人员可以根据学生学习性投入的数据，更好地理解并准确地估计课程模式、专业领域及发起的活动，如新生研讨会、学习社区、留学、实习和服务学习等的影响。鼓励学生投入更多努力（例如，写更多论文、阅读更多图书、与教师和同学更频繁地交流、恰当地使用信息技术）。从批判思考、解决问题、有效沟通、培养负责任的公民活动中收获更多。

大学影响力模型（College Impact Models）是大学生学习性投入研究的一个重要理论来源。其核心贡献是揭示出大学生在校期

① Kuh, G.D. What We're Learning About Student Engagement from NSSE[J]. Change, 2003, 35(2).

② Kuh, G.D. Assessing What Really Matters to Student Learning: Inside the National Survey of Student Engagement[J]. Change, 2001, 33(3).

间的学习与发展是受多种因素影响的结果。学生带着个人的先赋特征进入大学之后，其学习状态受到院校环境、组织特征、人际互动等多种因素影响，并且最终形成学生的收获成长和变化。

帕斯卡雷拉（E. Pascarella）和特瑞兹尼（P. Ter-enzini）在《大学是怎样影响学生的发展》一书中将大学生校园收获总结为四个方面：学生认知能力的发展、学生非认知能力的发展、对学生毕业后社会经济地位的影响和对学生未来生活质量的影响。学生认知能力的发展主要包括口头表达能力、写作能力、分析能力、推理能力、解决问题的能力等方面以及专业知识技能的发展。非认知能力主要是指价值观、自我认同感、人际关系和道德等。对学生毕业后的经济地位的影响包括学生的职业选择、职业发展前景、职业成就感和收入高低等。对学生未来生活质量的影响方面包括健康状况、婚姻生活状态、家庭生活状况、子女的养育、理财的观念、生活的满意度等方面[①]。通过对近半个世纪"学生发展"和"大学影响"方面的文章进行总结，得出结论："大学对学生影响的大小在很大程度上是由学生个体的努力程度以及投入程度所决定的，大学里所有政策、管理、资源配置等都应该鼓励学生更好地投入各项活动。"[②]

帕斯卡雷拉的"整体变化评定模型"较为全面地考虑了学生个人先赋因素、教育过程因素、院校组织结构因素的影响，为多

① Pascarella, E.T., Terenzizi, P, T. How College Affects Students: A Third Decade of Research[M]. San Francisco: Jossey-Bass, 2005: xiii.

② Pascarella，E. T. Terenzizi，P. T. How College Affects Students: A Third Decade of Research[M]. San Francisco: Jossey—Bass, 2005: 602.

个院校样本的研究提供了理论基础和概念框架[①]。学生与大学通过中介因素共同组成一个整合的系统，彼此相互影响。院校结构和组织特性、院校环境、人际互动、学生大学前个人背景和特征共同作用着学生努力的质量，进而决定学生学习和认知的发展。大学也许不能影响刚进校门的学生与生俱来的先天条件和过去的学习经历，但是大学具有培养人才、科学研究、服务社会的功能，有义务、有责任为学生学习提供丰富、创新的师资条件，引领并鼓励学生投入有效的教育活动，促进学生知识、技能等方面的发展，从而提高学校的办学质量，满足利益相关者的需求，呈现多赢的效果。

二是，加州大学伯克利分校高等教育中心 2002 年发起研究型大学学生学习经历调查项目（Student Experience in the Research University，简称SERU）。该项目与上面的学生学习投入调查项目在同样的背景下兴起，不同之处在于该项目的关注核心是研究型大学的本科生学习经历情况，相对大学生学习投入调查而言，该项目实施范围小（美国、巴西、中国、欧洲、南非等地），联盟参与的高校不多（16 所美国大学和 12 个国际大学和组织），目前国内有四所高校参加[②]。从 2014 年开始，该项目开始考虑未来增加研究生学生经历的调查部分。

UCUES调查问卷（本科生）主体架构包括一套要求所有被试回答的核心问题和四个按一定抽样比例发放的独立模块。核心

① Kuh, G.D. The National Survey of Student Engagement: Conceptual and Empirical Foundations[J]. New Directions for Institutional Research, 2009(141).

② Student Experience in the Research University (SERU) [DB/OL].http://www.cshe.berkeley.edu/SERU.2015-06-20.

问题由两部分组成：第一部分主要从时间分配、学术与个人发展、多元化的校园氛围、学术参与、个人规划、总体满意度和对专业的评价等维度，测量学生对就读期间学术活动的总体评价；第二部分为学生的背景资料和个人特征，主要包括在美国生活的时间、开始学习英语的时间、家长（包括父母和祖父母）受教育程度、父母收入情况、个人宗教信仰、性取向和政治取向等。四个独立的模块分别是学生生活和发展模块（包括目标与志向、观念与校园氛围、身心健康、简要评论四个维度）、学术活动参与模块（包括进入加州大学的感受、学术活动参与、学习障碍和按时毕业的重要性四个维度）、社会活动参与模块（包括各种活动参与、社区服务与组织领导、政治活动参与三个维度）和校园热点问题模块。前三个模块包括各分校共同关心的问题，第四个模块是个性化模块，用于各分校调查各自学生所关注的校园热点问题①。

三是，美国工程教育发展中心（Center for the Advancement of Engineering Education，简称CAEE）——参与的大学包括美国华盛顿大学、科罗拉多矿业学院、霍华德大学、斯坦福大学和明尼苏达大学②，在美国国家科学基金会资助下开展了工科学生学习经历研究。这是一项跨大学的研究，系统地调查工程专业学生如何定位他们的教育、工程技能和身份，以及在他们的大学的整个学习生涯中如何发展这三个方面。学习经历研究得到了工程教育发展中心的大力支持，已经取得了一些进展。这一研究希望能够实

---

① 程明明，等.美国加州大学本科生就读经验调查项目解析[J].清华大学教育研究，2009（6）.

② Center for the Advancement of Engineering Education [DB/OL].http://www.engr.washington.edu/caee/.2014-08-26.

现三个目标：目标一是提高完成工程学位的学生数量（包括女性和传统地弱势群体的学生数量）；目标二是更好地支持进入工程专业的学生；目标三是鼓励更多取得工程学位的学生进入工程行业。

人类学习工程学习经历的调查所使用的工具是国家科学基金会资助的学术路径研究研发并使用的研究工具之一[①]。人类学习工程学习经历的调查的研究体现的是学术路径研究的主要代表性调查成分。其他组成部分包括对四所机构的160名工程学生做的为期四年的纵向研究，以及对一系列不同职业背景的90余名的执业工程师进行的访问。设计这些要素主要是扩展对本科工程学习经历以及从学校对职场的转变的理解。

2003年到2008年，研究中心对21所美国工程大学和学校实施了人类学习工程的学习经历调查（the Academic Pathways of People Learning Engineering Survey，简称APPLES），这一大型研究项目对全美超过5400名学生采取了量和质的多样的研究方法，包括调查、结构和半结构的（人种志的）访谈、工程设计任务。研究者在21所院校广泛的调查同时与全国学生投入性调查（NSSE）进行了合作，能够对工程专业本科生与其他专业的学生进行广泛地比较（N＞11, 000）。调查还包括对14个公司和组织的100余名新招聘的工程专业毕业生和15名管理者的研究。研究

① Sheri Sheppard, et al. An Overview of the Academic Pathways Study: Research Processes and Procedures [R].San Rafael, CA: Morgan & Claypool Publishers, 2010.

项目基于调查数据出版了一系列报告[①]。人类学习工程学习经历的调查是首次综合分析工科学生大学期间的学习经历、如何获得有关工程本身的知识以及他们毕业后的计划。

学习经历研究的问题主要聚焦调查工程专业学生在日益复杂的世界中取得成功的四个主要领域：

技能和知识：随着时间的流逝，学生的工程技能和知识如何发展和/或改变？

定位：学生如何将自己定位成工程师？当他们定位他们的教育时，学生是如何接受、相信并建立起面临工程挑战的责任感？这会如何影响这些学生毕业后做出是否继续参与工程职业的决定？

教育：学生在工程教育中的什么要素会促进技能、知识和定位的改变？学生会遇到什么困难并且如何处理他们面临的困难？

职场：学生以及早期职业工程师是如何想象他们的工程职业未来的？在进入职场时，早期职业工程师需要什么技能？他们从哪里获得这些技能？有缺失的技能吗？

目前来说，对工程学生经历的理解似乎并不足以创新工程教育。主要是目前的工程教育中，两个群体——教育者与教育研究者还没有很好地合作。教育研究者需要利用学生的学习经历，这不仅有利于让未来的教育者具备能够创新的教学概念，也有利于

---

① Atman, Cynthia J., et al. Enabling Engineering Student Success: The Final Report for the Center for the Advancement of Engineering Education[R]. San Rafael, CA: Morgan & Claypool Publishers, 2010.

Sheppard, S., et al. Exploring the Engineering Student Experience: Findings from the Academic Pathways of People Learning Engineering Survey (APPLES) (TR-10-01)[R]. Seattle, WA: Center for the Advancement for Engineering Education, 2010.

教育研究者理解今天的教育者是如何做出教育决定的。未来的研究中需要研究者与对研究感兴趣的教育者共事，当他们能够协调好当前活动和工程教育研究工作之间关系的时候，研究者给予他们支持。为了充分支持这一过程，也必须调查教育者需要具备什么条件才能投入这一路径。

在进步日益加快并且面临更多挑战的世界，工程专业的毕业生要应对未来即将出现的问题。这种情况下，就非常需要工程教育不断进步以便能够有效地培养多样化的工程师去应对这些挑战。中国工程教育也需要对工科学生整个学习的经历进行基础性的研究，探索在中国工程教育路径下，工科学生的学习经历的特征。实施和开展这样大规模的基础研究，会给整个工科学生的培养提供更多依据，使得工科学生的培养更加有效、科学。

三、工科学生学习动机问题的研究

“动机”这一术语常用于工程教育研究。新兴的工程教育[①]及其相关领域（计算机科学[②]）特别需要理论框架的指导。在任何领域，理论框架和先前的研究紧密结合是推进当前研究质量提高的重要组成部分。学者埃克尔斯和维克菲德（Eccles and Wigfield）把现有动机理论研究分为四个大类：期望、参与的原因、期望和价值的整合、动机与认知的整合，可以说基本上包含了目前的研究[③]。

---

① Borrego, M. Development of Engineering Education as a Rigorous Discipline: A Study of the Publication Patterns of Four Coalitions [J]. Journal of Engineering Education, 2007, 96 (1).

② Singh, K., et al. Women in Computer-Related Majors: A Critical Synthesis of Research and Theory from 1994 to 2005[J]. Review of Educational Research, 2007, 77 (4).

③ Eccles, J. S., Wigfield, A. Motivational Beliefs, Values, and Goals [J]. Annual Review of Psychology, 2002, 53 (1).

（一）期望。其被定义为一个人在完成某一有难度的任务时，他（或她）相信自己的能力能够成功地完成它的信念[①]。其中最经常被提及的是自我效能，虽然自我效能是从社会认知理论建构而来，但埃克尔斯和维克菲德把自我效能本身作为一个理论。自我效能理论认为选择参与活动是基于一个人对这一活动的感知能力[②]，人们更容易参与他们有更大的自我效能感的任务。自我效能信念的产生主要有四个来源：自己试图完成任务时的经验，观察其他人试图从事的相同或相似的任务时的经验，他人对个人能力的反馈意见，从事任务时的感情经历（焦虑或快乐等）[③]。其他与期望相关的理论还包括控制理论，通常认为成功的期望涉及感知过去的成功和失败的控制感[④]。

（二）参与的原因。自我决定理论（Self-determination theory, SDT）侧重于解释参与理由。在这一理论中，学者认为在促使行动动机的选择中，能力、自主性和关联性占有非常重要的作用。对能力的需要是对掌握的渴望。对自主权的需要是对一个人行为控制的欲望。关联性是一种与他人配合或成为群体中一分子的渴望。这些需求有助于使外在动机持续地转化为内在动机[⑤]。自我决

① Eccles, J. S., Wigfield, A. Motivational Beliefs, Values, and Goals [J]. Annual Review of Psychology, 2002, 53 (1).

② Bandura, A. Social Foundations of Thought and Action: A Social Cognitive Theory [M]. Englewood Cliffs, NJ: Prentice-Hall, 1986.

③ Bandura, A. Self-Efficacy: The Exercise of Control [M]. New York, NY: W.H. Freeman, 1997.

④ Skinner, Ellen A. Perceived Control, Motivation, & Coping [M]. Thousand Oaks, CA: Sage Publications, 1995.

⑤ Ryan, R. M., Deci, E. L. An Overview of Self-Determination Theory: An Organismic-Dialectical Perspective[C]//edited by E. L. Deci and R. M. Ryan, . Rochester, In Handbook of Self-Determination Research. NY: University of Rochester Press, 2002: 3–33.

定理论的研究表明，内在动机和外在动机的形式，在各种情况下与积极的结果相关联，尤其是自我调节的行为被融入自我意识[①]。

（三）期望与价值的整合。埃克尔斯提出了期望—价值理论（expectancy-value theory, EVT），这一理论结合成功的价值预期，有助于解释学生在教育和职业选择上的心理和社会因素[②]。在模型中，从事任务的选择基于个人的成功信念和主观的价值和重要性，他（或她）成功地实现某项任务。埃克勒斯和同事划分了四类价值：1.实现价值，个人对做好一个任务的看法，其中包括如何反映了个人的任务绩效并与自我概念匹配；2.内在或兴趣的价值，个人享受做任务的经历；3.实用价值，认识到从事的直接或间接相关的任务在未来的重要性；4.相对成本，成功的价值，或者工作方面的精力、时间或心理影响等[③]。

（四）动机与认知整合。许多理论试图把动机和认知进行交叉整合，最直接的研究是动机与学习的关系。虽然研究人员对自主学习的组成部分有不同意见，但是自主学习正是一种看待这些交叉点的方式[④]。在申克和齐默尔曼（Schunk and Zimmerman）的自我调节模型中，动机被认为是学生调节自己的行为来达到学习

---

① Deci, E. L., Ryan, R. M. The ‘What’ and ‘Why’ of Goal Pursuits: Human Needs and the Self-Determination of Behavior [J]. Psychological Inquiry, 2000, 11 (4).

② Eccles, J. S. Where are All the Women? Gender Differences in Participation in Physical Science and Engineering[C]//Stephen J. Ceci and Wendy M. Williams, In Why aren’t More Women in Science? Top Researchers Debate the Evidence. Washington, DC: American Psychological Association, 2007: 199–210.

③ Wigfield, A., Cambria, J. Students’ Achievement Values, Goal Orientations, and Interest: Definitions, Development, and Relations to Achievement Outcomes [J]. Developmental Review, 2010, 30 (1).

④ Zimmerman, Barry J. Self-Regulation Involves More than Metacognition: A Social Cognitive Perspective [J]. Educational Psychologist, 1995, 30 (4).

目标的一个关键因素[①]。虽然后来的研究者提出了不同的自我调节模型，但是这两种模型都强调了动机在自我调节过程中的关键特性[②]。

2000年以来，工程教育研究者尝试利用动机相关理论在工程教育方面进行研究。有学者通过分析工程教育研究的主要杂志[③]，对当前工程教育研究中使用动机理论的情况做了研究。通过这项研究，对当前工程教育前沿领域中，学者们使用动机相关理论研究工程教育的情况有了大致的了解。工程教育研究中（2009年之后）频繁使用“动机”这一理论来研究工程教育。笔者综合分析后发现国外研究者利用动机理论研究工程教育总体是以学生为中心，关注在教学中如何提高学生的学习动机。具体研究内容包括了如何利用现代教育技术手段提高工科学生的学习

---

① Schunk, Dale H., Zimmerman, Barry J. Self-Regulation of Learning and Performance: Issues and Educational Applications[M]. Hillsdale, NJ: L. Erlbaum Associates, 1994.

② Butler, Deborah L., Cartier, Sylvie C. Leyton Schnellert, et al. Secondary Students' Self-Regulated Engagement in Reading: Researching Self-Regulation as Situated in Context [J] Psychological Test and Assessment Modeling, 2011, 53 (1).

③ Advances in Engineering Education (AEE), Engineering Studies (ES), European Journal of Engineering Education (EJEE), International Journal of Engineering Education (IJEE), Journal of Engineering Education (JEE) and the Journal of Women and Minorities in Science and Engineering (JWMSE).

动机问题①、影响学生学习动机的因素问题②、第一年工科学生的

---

① Amelink, Catherine T., et al. Student Use of the Tablet PC: Impact on Student Learning Behaviors [J]. Advances in Engineering Education, 2012, 3 (1).

Impelluso, Thomas. Leveraging Cognitive Load Theory, Scaffolding, and Distance Technologies to Enhance Computer Programming for Non-Majors [J]. Advances in Engineering Education, 2009, 1 (4).

Masouros, Spyridon D., Esat Alpay. Mathematics and Online Learning Experiences: A Gateway Site for Engineering Students[J]. European Journal of Engineering Education, 2010, 35 (1).

Kvadsheim, Reidar, et al. Web-Based Automatic Feedback on Assignments in Statistics: How Can it Help Students Learn Statistics and Universities Reduce Costs? [J].International Journal of Engineering Education, 2010, 26 (3).

Absi, R., et al. Teaching Fluid Mechanics for Undergraduate Students in Applied Industrial Biology: From Theory to Atypical Experiments[J]. International Journal of Engineering Education, 2011, 27 (3).

Fernández, Vicenc, et al. Low-Cost Educational Videos' for Engineering Students: A New Concept Based on Video Streaming and Youtube Channels[J]. International Journal of Engineering Education, 2011, 27 (3).

Tosic, Milorad. Influence of Several Years Use of Wiki on Academic Motivation Improvement[J]. The International Journal of Engineering Education, 2011, 27 (5).

② Martínez-Caro, Eva, Francisco Campuzano-Bolarin. Factors Affecting Students' Satisfaction in Engineering Disciplines: Traditional vs. Blended Approaches[J]. European Journal of Engineering Education, 2011, 36 (5).

Yuen, T. T., et al. Factors That Influence Students to Major in Engineering[J]. International Journal of Engineering Education, 2012, 28 (4).

学习动机问题①、不同性别（尤其是女性）工程学习中的动机问

① Härterich, Jörg, et al. Mathe Praxis–Connecting First-Year Mathematics with Engineering Applications[J].European Journal of Engineering Education, 2012, 37 (3).

Nedic, Zorica, et al. Motivational Project-Based Laboratory for a Common First Year Electrical Engineering Course[J]. European Journal of Engineering Education, 2010, 35 (4).

Filella, Gemma, et al. Well-Being E-Portfolio: A Methodology to Supervise the Final Year Engineering Project[J]. International Journal of Engineering Education, 2012, 28 (1).

Lantada, A. D., et al. Learning Through Play in a Final Year Subject: Enjoyable Design Experience for Teaching Product Development[J].International Journal of Engineering Education, 2011, 27 (3).

Ortiz, P., et al. Thermodynamic Approach in Chemical Plant Design: Teaching Chemical Engineering in the First Year[J].International Journal of Engineering Education, 2011, 27 (2).

题①、PBL教学方法中的学生学习动机问题②、不同地区学生学习

① Amelink, Catherine T., Peggy S. Meszaros. A Comparison of Educational Factors Promoting or Discouraging the Intent to Remain in Engineering by Gender[J]. European Journal of Engineering Education, 2011, 36 (1).

Schreuders, P. D., et al. Pipeline or Personal Preference: Women in Engineering[J]. European Journal of Engineering Education, 2009, 34 (1).

Ngambeki, I., et al. Using Profiles of Person- Thing Orientation to Examine the Underrepresentation of Women in Engineering in Three Cultural Contexts[J].International Journal of Engineering Education, 2012, 28 (3).

Muller, Carol, et al. Learning from the Experiences of Women of Color in Mentornet's One-on-One Program[J]. Journal of Women and Minorities in Science and Engineering, 2012, 18 (4).

Stump, Glenda S., et al. Collaborative Learning in Engineering Students: Gender and Achievement[J]. Journal of Engineering Education, 2011, 100 (3).

Britner, Shari L., et al. Portraits of Science Self-Efficacy: Four Undergraduate Women in a Summer Research Experience[J]. Journal of Women and Minorities in Science and Engineering, 2012, 18 (3).

Fouad, Nadya, et al. Persistence of Women in Engineering Careers: A Qualitative Study of Current and Former Female Engineers[J]. Journal of Women and Minorities in Science and Engineering, 2011, 17 (1).

Denner, Jill, et al. Computing Goals, Values, and Expectations: Results from AN After-School Program for Girls[J]. Journal of Women and Minorities in Science and Engineering, 2012, 18 (3).

② Pascual, R. Enhancing Project-Oriented Learning by Joining Communities of Practice and Opening Spaces for Relatedness[J]. European Journal of Engineering Education, 2010, 35 (1).

Galand, B., et al. Engineering Students' Self-Regulation, Study Strategies, and Motivational Believes in Traditional and Problem-based Curricula[J]. International Journal of Engineering Education, 2010, 26 (3).

Zhou, Chunfang, et al. A Problem and Project-Based Learning (PBL) Approach to Motivate Group Creativity in Engineering Education[J]. International Journal of Engineering Education, 2012, 28 (1).

Schaffer, Scott P., et al. Self-Efficacy for Cross-Disciplinary Learning in Project-Based Teams[J]. Journal of Engineering Education, 2012, 101 (1).

动机的情况①、不同文化对学生学习动机的影响②、K-12阶段工程相关课程教学中学生的学习动机③、工科学生选择工程专业和职业

---

① Tully, Deborah, Betty Jacobs. Effects of Single-Gender Mathematics Classrooms on Self-Perception of Mathematical Ability and Post-Secondary Engineering Paths: An Australian Case Study[J].European Journal of Engineering Education, 2010, 35 (4).

Dias, Diana. Reasons and Motivations for the Option of an Engineering Career in Portugal[J]. European Journal of Engineering Education, 2011, 36 (4).

Law, K. M. Y., K. B. Chuah. What Motivates Engineering Students? A Study in Taiwan[J]. International Journal of Engineering Education, 2009, 25 (5).

Law, Kris M. Y., et al. A Comparative Study of Learning Motivation among Engineering Students in South East Asia and Beyond[J]. International Journal of Engineering Education, 2009, 25 (1).

Lynch, Raymond, Michael Walsh. Second Level Education and the Decline in Popularity of Engineering within an Irish Context[J].International Journal of Engineering Education, 2011, 27 (2).

② Jian, Hua-Li, et al. Cultural Factors Influencing Eastern and Western Engineering Students' Choice of University[J].European Journal of Engineering Education, 2010, 35 (2).

③ Gilbuena, Debra M., et al. Use of an Authentic, Industrially Situated Virtual Laboratory Project to Address Engineering Design and Scientific Inquiry in High Schools[J]. Advances in Engineering Education, 2012, 3 (2).

Zarske, Malinda S., et al. The Skyline TEAMS Model: A Longitudinal Look at the Impacts of K-12 Engineering on Perception, Preparation and Persistence[J].Advances in Engineering Education, 2012, 3 (2).

Fries-Britt, Sharon, et al. K-12 Teachers: Important Bridges to Success for African-American Students[J].Journal of Women and Minorities in Science and Engineering, 2012, 18 (4).

的动机①、运用期望价值和自我决定理论研究工科学生的学习情况②、对工科学生学习动机的评估③、工科生创新创业教育中的动

① Baytiyeh, H., M. K. Naja. Students' Enrollment in Engineering: Motivational Factors[J]. International Journal of Engineering Education, 2010, 26 (5).

Matusovich, H. M., et al. Why Do Students Choose Engineering? A Qualitative, Longitudinal Investigation of Students' Motivational Values[J]. Journal of Engineering Education, 2010, 99 (4).

Eris, Ozgur, et al. Outcomes of a Longitudinal Administration of the Persistence in Engineering Survey[J]. Journal of Engineering Education, 2010, 99 (4).

② Panchal, J. H., O. Adesope, R. Malak. Designing Undergraduate Design Experiences-A Framework Based on the Expectancy-Value Theory[J]. International Journal of Engineering Education, 2012, 28 (4).

Stolk, Jonathan, et al. Engineering Students' Definitions of and Responses to Self-Directed Learning[J].International Journal of Engineering Education, 2010, 26 (4).

Vanasupa, Linda, et al. Application of Self-Determination and Self-Regulation Theories to Course Design: Planting the Seeds for Adaptive Expertise[J].International Journal of Engineering Education, 2010, 26 (4).

③ Caballe, S. Evaluation and Validation of the Virtualization of Live Collaborative Learning Sessions[J].International Journal of Engineering Education, 2012, 28 (6).

Iscioglu, Ersun, Izzet Kale. An Assessment of Project Based Learning (PBL) Environment Based on the Perceptions of Students: A Short Course Case Study on Circuit Design for VLSI[J]. International Journal of Engineering Education, 2010, 26 (3).

Felder, Richard M., Rebecca Brent. The National Effective Teaching Institute: Assessment of Impact and Implications for Faculty Development[J].Journal of Engineering Education, 2010, 99 (2).

Carberry, Adam R., et al. Measuring Engineering Design Self-Efficacy[J].Journal of Engineering Education, 2010, 99 (1).

Dalrymple, Odesma O., David A. Sears, Demetra Evangelou. The Motivational and Transfer Potential of Disassemble/Analyze/Assemble Activities[J]. Journal of Engineering Education, 2011, 100 (4).

Sancho, Pilar, et al. Applying Multiplayer Role-Based Learning in Engineering Education: Three Case Studies to Analyze the Impact on Students' Performance[J].International Journal of Engineering Education, 2009, 25 (4).

机问题①、学生学习环境与动机问题②、如何把动机理论融入课程设计③等主题，可以说这是国外（尤其是美国）重视学生学习、课堂教学的反馈。

在已有的工程教育研究文献中也存在着使用动机框架不一致

---

① Yasuhara, K., et al. Educating Engineering Entrepreneurs: A Multi- Institution Analysis[J]. International Journal of Engineering Education, 2012, 28 (2).

Alejos, A. V., et al. Innovative Experimental Approach of Learning- Through-Play Theory in Electrical Engineering[J].International Journal of Engineering Education, 2011, 27 (3).

Garcia, J., et al. Learning Through Entrepreneurially Oriented Case-Based Instruction[J]. International Journal of Engineering Education, 2012, 28 (2).

② Schnittka, Christine G., et al. Informal Engineering Education After School: Employing the Studio Model for Motivation and Identification in STEM Domains [J].Advances in Engineering Education, 2012, 3 (2).

Patterson, Eann A., et al. The Effect of Context on Student Engagement in Engineering[J]. European Journal of Engineering Education, 2011, 36 (3).

Lord, Susan M., et al. The Effect of Different Active Learning Environments on Student Outcomes Related to Lifelong Learning[J]. International Journal of Engineering Education, 2012, 28 (3).

③ Bielefeldt, A. R., et al. Diverse Models for Incorporating Service Projects into Engineering Capstone Design Courses[J].International Journal of Engineering Education, 2011, 27 (6).

Butler, Peter J. Motivating Undergraduates to Use Their Engineering: Integrating COMSOL Multi Physics and Designs for World Health[J].International Journal of Engineering Education, 2009, 25 (6).

Fernandez-Samaca, L., J. M. Ramirez. Learning Control Concepts in a Fun Way[J]. International Journal of Engineering Education, 2011, 27 (1).

Huang, Huei-Chun, et al. Cooperative Learning in Engineering Education: A Game Theory-Based Approach[J].International Journal of Engineering Education, 2011, 27 (4).

Jerez, J. M., et al. Improving Motivation in Learning Programming Skills for Engineering Students[J].International Journal of Engineering Education, 2012, 28 (1).

Alejos, A. V., et al. Innovative Experimental Approach of Learning- Through-Play Theory in Electrical Engineering[J].International Journal of Engineering Education, 2011, 27 (3).

Koh, Caroline, et al. Investigating the Effect of 3D Simulation Based Learning on the Motivation and Performance of Engineering Students[J]. Journal of Engineering Education, 2010, 99 (3).

的情况。所有的文献当中能够恰当地使用一个框架进行研究的数量非常有限。总体上说，这些研究成果显示工程教育研究还有向更深、更广的层次发展的机会。研究者倡议未来的研究需要将动机融入未来工程教育研究的研究设计，并提出了指导原则：1.思考如何能使动机渗透入学生学习，以及使用的动机框架是不是一个适当的理论选择。2.在选择一个框架之前，需要考虑多个框架以及每个框架是如何塑造学习的，从而决定哪个框架最适合检验现象。3.一旦选定框架，就将框架完全融入学习设计和执行。4.当报告研究成果时，作者应该清晰地陈述他们的动机框架是如何被应用到研究过程的每个部分的①。使用这些指导原则将会帮助加强工程教育研究学科内的动机研究。

2013年，美国工程教育协会（ASEE）年会的分组会议设立了一个主题“我们谈论动机”，目的是在全球工程教育具有重要地位的学术会议上推动相关研究者在这方面的理解，把指导原则进一步落实。会议主题由熟悉动机的工程教育研究者对动机的作用进行必要讨论，并且对那些倾向于了解更多动机在自己的研究和实践中应用的研究者给予支持，起到了加深学术研究深度的效果。

四、工程师职业认同研究

目前国外运用职业认同研究工程教育主要是对工程职业认同的内涵、机制以及如何影响工科学生的学习经历等方面进行研究。

首先，作为叙事的职业认同。研究工程专业学生的职业认同

① Philip R. Brown, et al. The Use of Motivation Theory in Engineering Education Research: A Systematic Review of Literature[J]. European Journal of Engineering Education, 2015, 40.

的形成，不仅有助于说明什么是一个人的“职业认同”，而且可以看清职业认同以及其中的因素是如何随着时间发展的。认同可以被定义为由知识、情感、能力和经验等组成的一个社会角色①。而职业认同就是这些元素组成一个特定的专业角色。学术中讨论身份认同最常用的方法是进行叙事研究。作为个体，我们通过自身与家人、同事、机构和社会的反馈经验，不断建立、协调、完善自我的身份叙事②。通过自我反思，并与他人进行互动，上面提到的要素交织成我们作为个人的复杂认知和我们作为各种社会团体成员的认知③。萨福德和普鲁萨克（Sfard and Prusak）强调个人与社会之间认知的差别，通过发展别人期望我们拥有和体现的特点形成“指定的身份”④。职业认同包含两个方面，其中之一是个人声称自己具有某个专业的身份和机构赋予成员的某个特定的职业角色⑤。

工程专业的学生在大学期间正经历着这样的一个身份认同的塑造过程。学者唐叟（Tonso）介绍了学生如何通过学生和教师之

① Giddens, A. Modernity and Self-identity: Self and Society in the Late Modern Age [M]. Stanford, CA: Stanford University Press, 1991.

② Roth, W. M., et al. Remaking Identities in the Praxis of Urban Schooling: A Cultural Historical Perspective [J]. Mind, Culture, and Activity, 2004, 11(1).

③ Gee, J. Identity as An Analytic Lens for Research in Education [J]. Review of Research in Education, 2001(25).

④ Sfard, A., Prusak, A. Telling Identities: In Search of An Analytic Tool for Investigating learning as A Culturally Shaped Activity[J].Educational Researcher, 2005, 34(4).

⑤ Chamberlain, C. “It’s Not Brain Surgery”: Construction of Professional Identity Through Personal Narrative [J].Teaching and Learning, 2002, 16(3).

Stevens, R., et al. Becoming An Engineer: Toward A Three Dimensional View of Engineering Learning [J].Journal of Engineering Education, 2008, 97(3).

间的复杂文化力量来创建并获取工程专业身份①。学生感知自己是“整个工程群体”一部分的能力，往往受到性别、种族的影响②。另外工科学生在校期间建立自己的工程认同还受到社会经济地位以及社会体制的隐性障碍等因素影响③。

工程专业的学生可以通过专业的课程和课外活动，来实现成为未来工程师的“未来自我”。马库斯（Markus）等描述了可能的自我认同构建，它包括个人有可能成为什么、个人想成为什么以及个人害怕成为什么的个人想法④。伊瓦拉（Ibarra）认为可能的自我与职业认同的发展密切相关：在观察学习中，可能的自我引导社会认知的比较、选择，帮助指导人们发展具体化和个性化行动。在体验式学习中，人们学习与他们所向往的角色相关联的特征，在实际上影响可能的自我。可能的自我作为一个基准来解释和判断自己的行为⑤。从这个角度看，工科学生建构成熟的工程可能自我的能力，对未来成功过渡到职场是至关重要的⑥。课堂上的学习会对学生存在一定压力，这也可能是让学生更注重成绩，而

---

① Tonso, K. Student Engineers and Engineering Identity: Campus Engineer Identities as Figured World [J]. Cultural Studies of Science Education, 2006, 1(2).

② Foor, C., et al. “I wished I Belonged More in This Whole Engineering Group: ” Achieving Individual Diversity [J]. Journal of Engineering Education, 2007, 96(2).

③ O’Connor, K., et al. Sponsorship: Engineering’s Tacit Gatekeeper [A].Proceedings of the 2007 American Society of Engineering Education Conference, Honolulu, HI.2007.

④ Markus, H., Nurius, P. Possible Selves [J]. American Psychologist, 1986, 41(9).

⑤ Ibarra, H. Provisional Selves: Experimenting with Image and Identity in Professional Adaptation[J]. Administrative Science Quarterly, 1999, 44(4).

⑥ Dannels, D. Learning to Be Professional: Technical Classroom Discourse, Practice, and Professional Identity Construction[J]. Journal of Business and Technical Communication, 2000, 14(1).

不是注重现实专业实践的原因之一[①]。

其次，职业认同的建构过程。如果认同是一种叙事建构，那么身份叙事就是我们告诉别人和我们自己关于我们是谁的故事。认同的叙事（包括了有关专业的角色构建）是个体一段时期被内外部力量建构、修订、自我推理的过程。这也就是麦克亚当斯（McAdams）所指出的那些进入大学的学生接受本科教育所经历的过程[②]。在工程教育本科阶段，我们可以观察到学生们正试图努力解决把未来的职业角色融入自我，使之成为自身的一部分。他们的思想受到很大冲击，想象工程师们会做什么，什么是他们应该重视的价值。桑顿和纳迪（Thornton and Nardi）认为认同与职业角色的确是一个发展的过程，其范围从专业角色理想化的观念，到更加个性化的能力，使自己的价值观和目标方向统一起来，这一过程包括了四个阶段：预期阶段、正式阶段、非正式阶段、个人阶段。桑顿和纳迪提出的发展阶段中一个关键因素是个人的自我概念与外部机制（如学术机构和社会网络）相关的消息之间持续相互作用，这是个体的内部同化和适应职业身份要素的重要过程。桑顿和纳迪认为，“心理调节”必然在每个阶段中发生[③]。

职业认同可以看作一种特殊类型的叙事，随着时间的推移而发展，借助外力（例如同伴、教师、雇主和其他行业代表等）和

---

① Tonso, K. Teams That Work: Campus Culture, Engineer Identity, and Social Interactions[J]. Journal of Engineering Education, 2006, 95(1).

② McAdams, D. Identity and the Life Story. In Fivush, R. Haden, C. (Eds.), Autobiographical Memory and the Construction of A Narrative Self: Developmental and Cultural Perspectives[C] Mahwah, N.J.: Lawrence Erlbaum Associates, Inc., 2003: 187–208.

③ Thornton, R., Nardi, P. The Dynamics of Role Acquisition[J]. The American Journal of Sociology, 1975, 80(4).

内力（例如包括在青春期后期和成年早期自我推理的发展互动、对职业实践专业现实认识的发展）来实现。通过以上的阐述，我们可以看出，职业认同的活动过程的核心是：个人是否调和外部的职业角色信息（外部对个人的技能和知识要求）与个人自身的需要，希望和抱负的能力。换句话说，这种个人的能力对内外部的力量非常有意义，决定了工科学生对工程职业的认同意识。

最后，职业认同的构建方式。行为比较是完成意义构建的方式之一：个人与他人的社会角色信息比较，以及个人与他人更多方面的比较。这里关注学术自我概念（即学习者的认同）的发展，马什（Marsh）将这两种比较情境称为外部（社会）及内部（个人）参照系，建议学生通过内外部的比较鉴别他们自己的技能和知识的相对地位。外部比较涉及自己与同辈的比较。内部比较涉及个人在多种学术情景中的自身知识和行为表现的比较①。马什和杨（Marsh and Yeung）从参照系的角度认为，学术自我概念的发展与学生自我效能水平为递归关系：学生对他们自身的行为表现与同辈的行为表现进行的比较，或他们在不同学科的表现比较评估，这会提高或是降低他们的学习者的身份，这也能转而影响他们在动机和行为表现方面的自我效能②。庞顿等（Ponton et al.）提出工程专业教育者有责任通过反复将课程内容与工程专业实践相结合提高学生的自我效能信念，通过提高学生学习工程技能的效能，增加同辈互动，准确地告知学生他们必须具有的沟通能力，

① Marsh, H. W. Verbal and Math Self-concepts: An Internal/external Frame of Referencemodel [J]. American Educational Research Journal, 1986, 23(1).

② Marsh, H. W., Yeung, A. S. Causal Effects of Academic Self-concept on Academic Achievement: Structural Equation Models of Longitudinal Data[J]. Journal of Educational Psychology, 1997, 89(1).

这些策略能够培养更加积极的学术自我概念，即工程学生的认同①。工程专业的学生将会从内外部意义构建的机遇中获益。

此外，在工程教育领域，职业认同还被用来研究不同年级、女性工科生（工程师）②、工程领导力发展③等方面。

---

① Ponton, M., et al., Understanding the Role of Self-efficacy in Engineering Education[J]. Journal of Engineering Education, 2001, 90(2).

② Deneen M. Hatmaker.Engineering Identity: Gender and Professional Identity Negotiation among Women Engineers[J].Gender, Work and Organization.2013(4).

Cech, Erin. Engineers and Engineeresses? Self-conceptions and the Development of Gendered Professional Identities[J]. Sociological Perspectives, 2015(1).

Brenda M. Capobianco, et al. Effects of Engineering Design-Based Science on Elementary School Science Students' Engineering Identity Development across Gender and Grade[J]. Research in Science Education, 2015(2).

③ Cindy Rottmann, et al. Engineering Leadership: Grounding Leadership Theory in Engineers' Professional Identities [J].Leadership, 2015(3).

第三章　工科新生专业成长内生动力理论基础与分析框架

第一节　工程科技人才培养应该把教学放在首位

本书为何选取这样的视角而不考虑其他视角，主要是基于对高等教育和高等工程教育的现实状况的认知与反思。本书将以学生学习动机的视角，呼唤工科教师关注教学，从而增加工程专业学习中学生的产出，为解决中国隐性存在的工程人才流失的问题以及提高学生自身动机提供选择。

一、当代中国研究型大学中教学与科研的冲突

随着大学排行榜的兴起，整个社会对科研创新的强烈渴望对大学产生了重要的影响。当今全球大学排名的榜单有许多种，每个榜单都有不同的指标，无论是榜单本身还是榜单所使用的指标，对其都有许多争论。尽管我们不倾向于其中任何一种排名或方法，但是这些排行榜能够反映大学的部分特征。这里要提一下上海交通大学的大学学术排行榜，经过这些年的发展在世界高等教育中产生了重大影响，其成功正是当今高等教育对学术看重的一种反映。在上海交通大学发布的世界大学学术排名中，其评价体系强调论文发表量、被引用数量以及被引用次数最高的科学家数量等

指标[①]。面对这样的发展趋势，大学想要保持自己的声誉，就必须按照这样的标准来进行发展。于是大家可以看到大学在发展中的一些做法，在引进教师方面，具体的招聘标准要求上更加重视论文发表和参与研究项目，其对教学的要求标准被学术研究标准取代。入职之后，在教师平常的绩效考核、职称评定上，科研所占的比重更大，科研成果更是决定教师是否能够被升职的决定因素。

上述问题在研究型大学中更加明显，研究型大学中对教学的重视程度相对会低一些。相反一般院校由于没有实力进行科研方面的竞争，其主要精力放在了教学上。当然会有人提出科研搞不好，教学也做不好。不可否认，教学与科研有机地结合是最理想的状态，但是现实情况是，研究型大学中科研与教学之间的紧张关系越来越明显。克拉克在考察了当今世界高等教育强国之后，提出当今世界高等教育中“科研—教学—学习连接体”受到分化，产生了“科研漂移”和“教学漂移”的现象。首先一个重要特征就是“科研活动中某些一般的冲力倾向于把科研从教学和学习赶走”[②]，而且社会认为“思想上没有教学计划和学生需要的人们，最符合专门化知识和科研的需要”，于是那些“致力于尽快在科研界前进的专家们常常感到主要教育场所的堵塞、分散”。面对这样的发展形势，那些愿意“把科研充分地和全面放在第一位的地方”会“把科学教育，甚至科研训练，放在次要位置”[③]。最终我们现在可以观察到的情况是，“永不静止的科研，朝着很多方向走出

① 苑健.美国研究型大学的现状、问题与改革[J].研究生教育研究，2013（5）.

② （美）克拉克.探究的场所——现代大学的科研和研究生教育[M].王承绪，译.杭州：浙江教育出版社，2001：220.

③ （美）克拉克.探究的场所——现代大学的科研和研究生教育[M].王承绪，译.杭州：浙江教育出版社，2001：222.

传统的大学环境，建立新的前哨基地，它们的成员以全部时间勘探知识前线的各等黄金。教学和学习落在后面，被固定在古老的驻地”[①]。可以说这是我们这个时代大学（中国和其他国家的大学都涉及其中[②]）所面临的重要挑战。如何正确看待教学与科研的关系，对大学的未来发展有着重要意义。

二、人才培养是大学的首要基本职能

今天大学的使命中增加了许多内容，尤其是科研和服务社会更被看重，但是作为教育机构仍然不能丢掉最基本的职能——教学。这里不是说大学的其他职能不重要，或者教学高于其他职能，只是希望高等教育机构清楚认识到教学的存在价值，不能放弃这一根本职能。纽曼在传统大学面临新的挑战时，提出了自己的看法，虽然他的一些观点在当今社会看起来有些荒谬，或者不值一提，或者难以理解，但是其对大学不乏一些正确和深刻的认识与观点，这仍然值得我们思考。他认为大学“是教授全面知识的地方”，如果大学的宗旨极其重视科学发现和哲学探究，“我就看不出它为何需要学生”[③]，也就是说如果单纯考虑怎样的机构更适合促进研究，更能扩充知识的边界，专门研究机构无疑是更好的地方。他指出大学和科学院有不同的劳动分工，“科学发现和科学教学是两种不同的过程”[④]，当然“人们看不出科学院和大学的精神之间，

① （美）克拉克.探究的场所——现代大学的科研和研究生教育[M].王承绪，译.杭州：浙江教育出版社，2001：223.

② 2014年底，Springer出版社出版了专题论文集*Teaching and Research in Contemporary Higher Education*，专门讨论全球当代大学在教学与科研当中面临的问题。

③ （英）纽曼.大学的理想[M].高师宁，等译.贵阳：贵州教育出版社，2003：21.

④ （英）纽曼.大学的理想[M].高师宁，等译.贵阳：贵州教育出版社，2003：23.

有什么真正的对立，所有的只是宗旨上的差别。大学的建立意在向那些希望自我完善的学生传授各门学科；科学院则旨在进行科学发展中的新的研究”[①]。当然，今天的大学同时承担科研与教学的功能，而我们需要明确的是，大学不应该只关注科研，在教书育人方面拥有不可替代的作用。

上面我们提到当今研究型大学存在着教学与科研之间的紧张关系，但是大学不能摒弃教学或者科研等任务。它应该努力建立克拉克提出的“科研—教学—学习连接体”，而不是任由其分裂。当科研和教学的两个群体联合成为一个双重群体，它会成为大学最重要的部分，“依靠它，科学在高等教育的教育工作就能得到强有力的表现；反过来，高等教育在科学的工作中在运行上也能得到表现”[②]。也就是说，大学要清醒认识到，科研在今天虽然有重要地位，但是为了未来更好的良性发展，应该保持教学在大学中的地位。

三、中国高等工程教育培养模式的改革

中国的决策者、教育者，试图“借”西方建构主义教学法（通常把它定义为潜在的“最佳实践”）来改变中国的工程教育。进入21世纪以来，工程教育领域实施了许多重大改革，如CDIO工程教育改革、发展建立中国工程专业认证体系、实施卓越工程师计划（制定卓越工程师标准）等。这些重大举措都是向美国工程教育模式靠近，而美国教育深受杜威教育哲学的影响，杜威教

① （英）纽曼.大学的理想[M].高师宁，等译.贵阳：贵州教育出版社，2003：23.

② （美）克拉克.探究的场所——现代大学的科研和研究生教育[M].王承绪，译.杭州：浙江教育出版社，2001：292.

育哲学的重要思想之一就是教育要以学生为中心。如果工程教育中的这些改革要取得成功，那么就必须了解美国工程教育背后的哲学理念，这样才会明白其为什么这么做。每一种政策的移植，都需要解决与原有体系的冲突。比如在中国工程教育认证体系建设发展中，就需要解决工程教育由以教师为中心的教育模式转向以学生为中心的教育模式。

在当今高等工程教育发展中，一定程度上可以说，在美国和其他许多国家基本上采取了基于产出结果的方法来评估教育，一个非常明显的例子就是目前美国工程认证委员会颁布的EC2000认证标准，其核心是基于学生产出。这一认证体系强调的是预计毕业生要达到的结果，而不是详细规定强制的课程或知识体系。这个原则的采用，使得学校或教师在课程制定、课程设计的阶段，更多的是以学生/学习者为中心。教师在教学设计和教学方法等方面具有更大的灵活性。正是这种基于学生产出而不是过程的理念，使得主动学习在工程教育领域过去20年取得了长足进步①。

然而，这些趋势的发展在中国背景下可能产生怎样的效果，目前看来依然不是很清晰。由于深受儒家教育文化的影响，中国人的课堂上，在历史上教师一直占主导地位，而学生通常很大程度上扮演服从和被动的角色。以教师为中心和以学生为中心的这一矛盾对中国的工程教育决策者、从业者和研究者来说非常重

① Borrego, M., et al. Diffusion of Engineering Education Innovations: A Survey of Awareness and Adoption Rates in U.S. Engineering Departments [J]. Journal of Engineering Education, 2010, 99(3).

要①。中国工程教育培养模式只是在发生变化而不是转型，是因为当前工程教育开始进行改革，至于改革是否成功，对于我们当前身处其中的人来说，这样的判断是比较困难的。未来中国工程教育是完全走向美国的教育模式，还是在发展中形成中美模式的折中，目前都还不明朗，但是以学生为中心的教育模式有其理论基础，具有合理性，中国教育需要接纳这一模式。

四、聚焦过渡阶段工科新生的培养方式

西方教育研究领域一个重要议题是大学第一年教育（FYE）。由于这是学生由高中阶段向大学阶段学习转型的重要时期，在这一转型过程中学生面临环境、心理和学习等各个方面的挑战，所以研究者和实践者认为，帮助大学新生迎接挑战并顺利转型，对于学生进一步继续学业、树立正确的学习态度、提高大学的教育质量具有重要的意义②。

同样，在美国的工学院当中，越来越多的学校开展这样的活动（尽管名称可能不同）。普渡大学本科工程教育在美国工程教育中占有重要地位③，由于其工科的优势，工学院招生的数量在大学中占第一，每年至少有1600名新生。早在20世纪50年代

---

① Zhu, Qin, Jesiek, Brent K. Yuan, Jian. Engineering Education Policymaking in Cross-National Context: A Critical Analysis of Engineering Education Accreditation in China [C]//121st ASEE Annual Conference and Exposition: 360 Degrees of Engineering Education. ASEE Annual Conference and Exposition, 2014.

② 刘小强，蔡玉莲. 大学第一年教育（FYE）：研究、实践和启示[J]. 江西师范大学学报（哲学社会科学版），2014（3）.

③ 授予工科学士学位数量2013年在全美工学院中排在第4位。Engineering College Profiles & Statistics Book[EB/OL].http://www.asee.org/papers-and-publications/publications/college-profiles.2015-01-27.

初，工学院就设立了新生工程学系（The Department of Freshman Engineering），对工科新生进入大学的学习过程中给予特殊的指导和帮助。直到 2008 年，院系机构调整，成立工程教育系，上述项目纳入全新的新生计划（First- Year Engineering Program）。它是根据工程教育中的一些改革而制定一套新的综合培养方案。进入工学院的新生先不分专业，按照培养方案学习一年，一年以后根据各种标准再选择专业。该培养计划以工程为导向，详细地规定了培养目标、课程设计、教师指导、学生互助、奖惩措施等方面内容，最终目的是帮助工科新生对工程专业有概括性了解，为第一学年之后的工程专业学习打下坚实的基础，理性地选择将来适合的工学方向，做出合理的职业规划[①]。可以看到美国高等教育十分注重阶段转换时期学生学习的适应状况，而且把这项工作作为高等教育本身的任务，而不是简单地把学生的不适应归咎于大学前教育。

在 2014 年底，有一则消息在社会上引起了讨论，北大的一名学生退学进入职业技术学校学习。最开始，“他想报考北京航空航天大学，但这个想法遭到了家人、老师的一致反对，父母觉得这样高的分数不报考清华、北大简直就是浪费，高中班主任也一直希望他能报考更好的学校”，进入北大后，由于教学内容的设置过于理论化，转专业又有限制，不能满足学生的兴趣，最终其选择到了北京工业技师学院，找到自己兴趣所在的他在第六届全国数控技能大赛取得佳绩[②]。这一则事例也许有些人认为不具代表性，其实不然，当中涉及了当前教育的许多问题，包括学生学习

① 雷庆，巩翔. 普渡大学工学院新生计划及启示[J]. 高等工程教育研究，2009（2）.

② 彭燕，吴雪阳. 弃北大读技校 自定别样人生[N]. 中国青年报，2014-11-17（11）.

兴趣的问题，这为我们进行教育改革指出了一个重要方向。应该逐渐重视学生从大学前教育到高等教育的适应转型的问题，需要关注学生的兴趣。正如《论语·雍也》中所言“知之者不如好之者，好之者不如乐之者”。

五、以学生为中心的课堂学习

以学生为中心，是美国教育非常重要的核心，这是杜威教育哲学的最大影响力之一。抓住这一点就可以理解美国教育当中的一些行动。当前盛行的对学生学习经历的调查以及工程教育中以学生产出为中心，可以说都是这一核心理念的体现。无论是美国（目前扩散到世界其他地区）广泛开展的美国大学学生学习投入调查（NSSE），还是加州大学伯克利分校的研究型大学学生经历调查（SERU），无疑都说明学者致力于研究影响院校教育质量的内外部因素，逐渐产生对学生学习性投入的研究和大学对学生影响力的研究。

乔治·库恩提出了“学生学习性投入”这一概念。他认为学生的学习成果受到个体背景因素，包括先天因素及后天努力因素和院校提供的环境因素的影响。学生学习性投入程度越高，在知识、技能、认知、智力等方面得到的发展就越大[①]。帕斯卡雷拉的“整体变化评定模型”较为全面地考虑了学生个人遗传因素、教育过程因素、院校组织结构因素的影响，为多个院校样本的研究提供了理论基础和概念框架。院校结构和组织特性、院校环境、人际互动、学生大学前个人背景和特征共同作用着学生努力的质量，

① Kuh, G.D. Assessing What Really Matters to Student Learning: Inside the National Survey of Student Engagement[J]. Change, 2001, 33(3).

进而决定学生学习和认知的发展[①]。SERU调查问卷（本科生）包含了学生学习经历的方方面面：第一部分主要从时间分配、学术与个人发展、多元化的校园氛围、学术参与、个人规划、总体满意度和对专业的评价等维度，测量学生对就读期间学术活动的总体评价；第二部分为学生的背景资料和个人特征，主要包括在美国生活的时间、开始学习英语的时间、家长（包括父母和祖父母）受教育程度、父母收入情况、个人宗教信仰、性取向和政治取向等。四个独立的模块分别是学生生活和发展模块（包括目标与志向、观念与校园氛围、身心健康、简要评论四个维度）、学术活动参与模块（包括进入加州大学的感受、学术活动参与、学习障碍和按时毕业的重要性四个维度）、社会活动参与模块（包括各种活动参与、社区服务与组织领导、政治活动参与三个维度）和校园热点问题模块[②]。

大学生的学习经历是西方国家高等教育的关注点之一。但是目前来看大学生学习经历的概念还没有统一、清晰的界定。例如，有研究者认为，大学生的学习经历涉及校内外学习的方方面面；有研究者则把它局限在正规的学术课程和高校课堂内的学习[③]；也有研究者认为大学生的学习经历是学生自己投入学习与发展活动的状况及其感知的学习环境之间的相互作用，构成了学生整体的

① Kuh, G.D. The National Survey of Student Engagement: Conceptual and Empirical Foundations[J], New Directions for Institutional Research, 2009 (141).

② 程明明，等. 美国加州大学本科生就读经验调查项目解析[J]. 清华大学教育研究，2009（6）.

③ Higher Education Academy. Strategic Plan 2005-2010[R].York, UK: HEA, 2005: 3.

学习经历[①]。

已有的研究表明，学生的学习经历无疑是十分复杂、丰富的，我们不能排除任何一个因素的影响，也努力在寻求找到所有影响学生学习的因素。然而对于研究而言，则需要有所取舍，否则关系太过复杂，研究极其困难。自从学校教育的班级授课制诞生以来，课堂教学成为教育培养活动的一个核心的组成部分，已有研究中学生课堂教学经历也是一个重要组成部分。学生学习经历是复杂的，而且都会对学生学习产生影响，现实中无法分开。但是本书希望体现工科新生的一些特色，所以本书中把工科新生学习经历界定为，在工程基础课程（数学、物理、化学以及一些工程导论课程）的课堂教学中，工科新生感知教学环境中如何支持和鼓励学生积极投入学习与发展活动，逐渐形成个人发展状况的过程。

六、工程基础课程的地位与作用

如何培养工程师？工程师应该具备哪些知识与技能？可以从不同的角度回答这些问题。笔者首先从对工程的定义入手，这将会给工程师的培养提供明确指引，也可以理解工程专业培养方案形成的原因。

本书主要从工程师组织对工程的定义来进行研究，因为这些组织对工程的定义虽不完美，但是相对于个人的定义，这些组织对工程的定义代表了工程师们对工程的最大共识。较早对工程给出定义的是 1828 年《英国土木工程师协会章程》中的描述——

① 陆根书，等.大学生学习经历：概念模型与基本特征——基于西安交通大学本科生学习经历的调查分析 [J].高等教育研究，2013（8）.

"工程是利用丰富的自然资源为人类造福的艺术"①。这一定义解释比较简短，今天看来比较模糊，使人们不能清晰地理解工程是什么。当然将工程的目的描述为"为人类造福"则一直影响到今天。这成为人们对工程定义理解思考的开端，之后，人们不断加深对工程的理解。1852年，《美国土木工程师协会章程》中定义"工程是把科学知识和经验知识应用于设计、制造或完成对人类有用的建设项目、机器和材料的艺术"②。这一定义中明确了工程需要的两大知识体系：科学知识和经验知识（我们可以看作工程知识）。之后一些组织进一步对工程进行界定。如1961年，美国职业发展工程理事会（简称ECPD）定义"工程是一种专门职业，（从事这种职业的人）需要把通过学习、体验和实践所获得的数学和自然科学知识用于开发并经济有效地利用自然资源，使其为人类造福"③。1982年，美国工程教育认证委员会（简称ABET）定义"工程是应用科学和数学原理、经验、判断，以及应用常识以造福人类的艺术"④。1985年，美国国家研究委员会（简称NRC）定义"工程指企业、政府、院校或个人从事的下述工作：它将数学、物理和/或自然科学应用于研究、开发、设计、制造、系统工程或技术操作，以创造和/或提供目的在于使用的系统、产品、过程和/

① Institution of Civil Engineers. A shot of ICE's Royal Charter, first granted by King George IV on 3 June, 1828 [DB/OL].https://www.ice.org.uk/about-us/who-runs-ice/royal-charter.2015-06-21.

② 转引自孔寒冰.基于本体的工程学科框架研究[D].杭州：浙江大学，2009：10.

③ American Society for Engineering Education. Final Report: Goals of Engineering Education[R]. Washington, DC., 1968.

④ ABET. Historical Documents [EB/OL]. http://www.abet.org/about-abet/publications/historical-documents/.2015-06-21.

或技术性质与内容的服务”[①]。由于ABET、NRC在当今世界工程教育中的影响力，其定义被相对广泛地接受。通过这些定义可以总结出，工程是一项使人和物更好地合作的实践性研究——像艺术一样具有创造性，像法律一样具有政治性，像艺术和法律那样不再只是对科学的应用[②]。通过各个团体对工程给出的定义，可以得出工程的三项重要内容：一是数学和自然科学在工程中的基础作用；二是工程自身也产生了相应的专业知识；三是工程含有价值内容，即造福人类。正是基于工程这样的特征，培养未来的工程师，就需要从这些方面着手。

此外，最早的工程教育实验的标志是1794年设立的巴黎综合理工学院，其课程体系的设置也深深影响了当今世界的工程专业的课程设置（见附录所调查专业的第一学期开设的工程课程）。该学院学制为四年，“课程设置其中有三年的公共必修课，第一年的课程是几何学、三角学、物理学、化学基础及它们在结构和机械工程中的实际应用，有大量的规划绘图课，还有一些实验和实践课程。课后有背诵作业。第二和第三年继续上这些相同的课程，并增加了这些课程在道路、运河、防御工事和军火制造方面的实践应用。在最后一年中，学生会被派往一所专业的学校，如炮兵学院、军事工程学校、矿藏资源学校、桥梁和道路学校、地理工程师（地图绘制）学校以及船舶学校”[③]。

---

① 美国工程教育与实践（续）[M].上海交通大学研究生院、上海交通大学高教研究室，译.北京：学苑出版社，1990.

② 迈克尔·戴维斯.像工程师那样思考[M].丛杭青，等译.杭州：浙江大学出版社，2012：4，17，11.

③ 迈克尔·戴维斯.像工程师那样思考[M].丛杭青，等译.杭州：浙江大学出版社，2012：11-12.

综上，无论是各个组织对工程的定义，还是最早学校工程教育的出现，我们可以看到虽然今天的工程课程有了很大变化，但是更多是知识深度、广度的变化，而数学和自然科学作为基本的工具、专业课程知识、实践等课程体系中的基本组成没有变化。

我国工程教育的课程体系是在学习苏联的基础上建立起来的，这种课程体系有两个显著特点：一是以“专业”为单位组织教学，不论是本专科生还是研究生，学生被录取的时候就确定属于某个专业或学科，学校的培养方案也是分专业或学科来制定的，学生完成相应专业或学科培养方案规定的课程和教学环节后方可毕业。二是课程被分为基础课、专业基础课和专业课 3 个层次，并且按照从基础到专业的顺序来安排课程。新中国成立 60 多年来，我国工程教育的课程体系虽然发生了很多变化，但这两个基本特点仍在一定程度上保留着[①]。最明显的例子是，虽然我国建立的工程教育专业认证标准学习了西方国家（主要是美国ABET标准）的许多方面，但是在课程构成的要求部分却没有大的变化。

20 世纪 80 年代以来，工程教育逐渐学习美国高等教育以及工学院的培养模式，我国工程教育在教学计划和课程体系方面开展了一系列改革，总的趋势是“宽口径、强基础、重能力”。“强基础”包括加强数学和自然科学基础课程以及经济、法律、管理等人文社会科学方面的课程。工科高校普遍重视基础课程教学，尤其是研究型大学的工程教育拔尖创新班开设的数理基础课程在难度和深度上要高于其他学生选修的同类课程。加强工科学生的理论基础已经成为我国工程教育界的共识，也是我国工程教育的

① 雷庆.中国工程教育发展报告 2012[R].北京：高等教育出版社，2013：15.

特点。工程教育应该为学生打好哪些基础以及如何打好基础，目前还是需要进一步深入研究的问题。但是对于工科新生来说，不仅仅是基础知识的加强，培养学生的独立学习能力、对工程师职业的认识和定位、对工程师群体的认同感等方面同样非常重要，需要在引导课程中培养学生这方面的意识与能力。

此外，有些学校从工程的整体性和实践性出发，认识到设计是工程活动的核心，为学生开设了“工程导论”“工程设计概论”等课程，让学生尽早接触工程、了解工程[①]。正如本书所研究，工科新生处在一个过渡时期，因此除了知识的学习，更主要的是培养学生对专业以及未来的信念。一些高校在大一、大二阶段开设工程类导论课程，让参与卓越计划的工科学生在学习开始阶段就能接触工程、了解工程，为今后的专业学习培养兴趣，打下良好的基础[②]。

相对于工程基础课程，有人会提出是不是工程专业课程对工科学生的未来职业影响更大？是不是只有二年级之后接触工程专业课才会对学生工程职业的发展产生更大的作用？对这些问题的回答，除了上面提到的工程师团体对工程师应该掌握的知识类别的认识，国外的已有研究表明，工作实践中工程师掌握扎实的应用数学和自然科学的能力非常重要[③]。研究者通过对美国一所工科院校毕业生校友进行调查，试图回答在当前工程师培养过程中，是不是美国工程教育认证委员会（ABET）能力标准中提到的所有

① 雷庆.中国工程教育发展报告 2012[R].北京：高等教育出版社，2013：16.

② 雷庆.中国工程教育发展报告 2012[R].北京：高等教育出版社，2013：42.

③ Honor J. Passow. Which ABET Competencies Do Engineering Graduates Find Most Important in Their Work?[J]. Journal of Engineering Education, 2012, 101(1).

的能力都是重要的？在工程师的实际工作中哪些能力更被看重？这一项研究开展了很多年，对不同工程专业的三届毕业生进行了调查，调查结果显示，所有能力被分成了三组，最重要的第一组能力是团队合作能力、交流沟通能力、数据分析能力、解决问题的能力；其次重要的一组能力是应用数学、科学和工程技能的能力、工程师的伦理责任、终身学习的能力、工程设计能力、使用工程工具的能力；最后不是很重要的一组能力是当代问题的意识、经验、工程对社会影响的认识。虽然应用数学、科学和工程技能的能力被排在了中间重要的位置，但是仔细分析最重要的一组能力，其中数据分析能力和解决问题的能力两项中，工程师会用到数学、科学和工程技能作为其基本的工具，这是隐含在其中的。因此，工程专业第一年的培养中，工程基础课程的设置与学习，对学生未来成为工程师来说，非常重要。此外，对于工程师来说，许多重要的能力素质要比专业知识更为重要。

第二节　动机理论与学生学习

工科学生第一年的基础课程学习非常重要，接下来教育培养活动需要思考的问题是，学生如何自发地进行学习呢？尤其是在课堂教学中——教师的教学设计作为重要因素之一——如何影响到学生？已有教育心理学的理论论述了学生学习过程中的内在驱动力——动机以及动机对学生学习效果的作用。

动机是一个大而复杂的主题，它包括了很多理论。现实中被人经常讨论的激发动机的理论主要是行为主义、人本主义、社会认知理论和社会文化学派（见图 3-1）。这些理论对什么是动机这个问题有着各自不同的解释，虽然复杂但是有助于对动机做充分而广泛的理解。行为主义认为动机源重要影响的是外部的强化、奖励、诱因、惩罚，主要代表人物是斯金纳（Skinner）。人本主义认为动机源主要影响的是内部的对自尊的需要、自我决定和自我满足，主要代表人物是马斯洛（Maslow）和德西（Deci）。社会认知理论认为动机源重要影响的是内部的信念、对失败和成功的归因，主要代表人物是韦纳（Weiner）和格雷厄姆（Graham）。社会文化学派认为动机源重要影响的是内部的参与、通过参与团体活动保持身份，在动机的社会文化观中，身份这个概念是中心，主要代表人物是莱夫（Lave）和温格（Wenger）[①]。本书中主要侧重于运用社会认知理论和社会文化学派两个流派中一些更具体的理论，来构建自己的研究分析框架和模型。

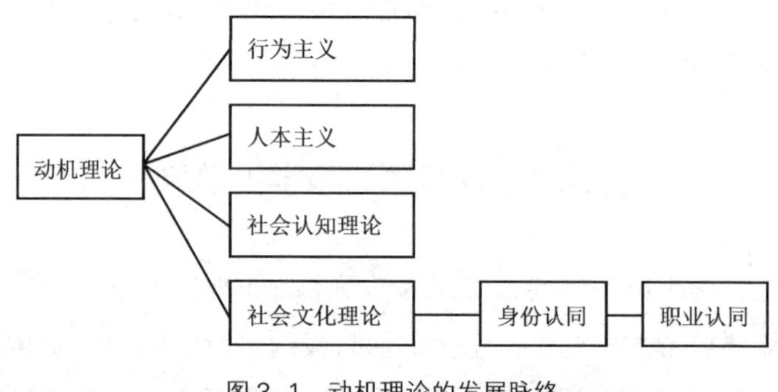

图 3-1　动机理论的发展脉络

资料来源：（美）伍尔福克.教育心理学（第十版）[M].何先友，等译.北京：中国轻工业出版社，2008：393-396.

① （美）伍尔福克.教育心理学（第十版）[M].何先友，等译.北京：中国轻工业出版社，2008：393-396.

对于动机的含义，学者给出了很多有意义的界定，动机是激发、引导和维持行为的一种内部状态。它促使学生按特定的方向采取并维持行动。学生的动机通常表现在个人投入以及在学校活动中的认知、情绪和行为的激发上。但是动机并不一定是学习者带到学校的内在状态，它也可能来自学校的环境条件。当人们谈到环境是如何提高一个学习者去学习特定事物或某项特定行为的动机时，谈的是情境动机[①]。

我们还要区分动机中的外部动机与内部动机。并不是所有形式的动机对人类的学习和表现都有同样的作用。动机可以分为外部动机和内部动机。外部动机：行为受到外部因素的影响，真正目的并不是正在完成的任务本身。受外部动机影响的学习者，他们可能想获得好的成绩、未来能赚钱或者获得由特定活动和成就带来的认可，甚至是负面的原因，比如被父母责罚。实际上，他们被激发去完成一项任务，是把这项任务当作达到目的的手段，而不是为目的本身。内部动机：行为受到自身因素的驱动，这些因素内化于正在完成的任务中。受内部动机影响的学习者可能热衷于某项活动，因为它可以给他们带来快乐，帮助发展一项他们认为很重要的技能，或者把它看成一项非常重要而正确的事情去做。具有高水平内部动机的学习者，他们会全神贯注地投入活动而忘记时间，完全忽略其他任务。这就是所谓的流畅感现象（Flow）。一个耳熟能详的典故能很好地说明这一现象，《论语·述而》中说到“子在齐闻《韶》，三月不知肉味”就是这样的例子。这里需要指出的是并不能简单认为拥有外部动机是件坏事。事实上，学习者经常同时受到内部动机

① （美）奥姆罗德.教育心理学（第6版）[M].龚少英，译.北京：中国人民大学出版社，2011：391-393.

和外部动机的双重影响。随着时间推移，在学习的过程中，外部动机有可能逐渐转化为内部动机。另外，外部动机也许是对学业成就或者创造行为的一种外部强化形式，甚至可能是某些学生通向成功的课堂学习和创造行为之路的唯一动力。但内部动机最终决定着行为的持续时间。它可以激发学生寻找所学知识的意义并学以致用，增加他们在毕业之后继续阅读和学习写作、科学、历史以及其他各科知识的可能性。

学习动机理论中不同性别的差异。在分析性别的因素后，研究者发现了不同性别的学习者在动机中存在某些一致性的差别。在世界范围内都出现了女生在学业上比男生成功的现象，从动机角度来看女生更关注自己在学校当中的表现如何，正因为如此她们会更努力地完成作业，取得更高的成绩等级，最终高中毕业的人数更多。相反，男生则更有可能表现出与学业无关的行为和自我妨碍，从而导致他们的成绩远远低于他们潜在的水平。社会中男生最终有更多的成功者，除了传统男性主导社会等原因外，从动机角度的一种解释是虽然存在这些差异，但男生对他们的学业能力更有自信，对未来的成就也有更高的期望[①]。

动机会影响哪些学习的行为？动机对学习行为有多种影响，已有的研究[②]对此进行了总结（见图 3-2）：

① （美）奥姆罗德.教育心理学（第 6 版）[M].龚少英，译.北京：中国人民大学出版社，2011：417.

② （美）奥姆罗德.教育心理学（第 6 版）[M].龚少英，译.北京：中国人民大学出版社，2011：418.

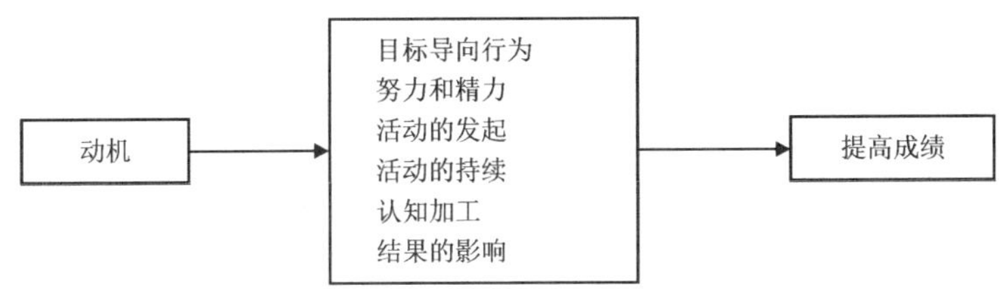

图 3–2　动机对学习和行为的影响路径

动机影响学生的选择，例如，是去参加物理竞赛还是参加摄影艺术展？动机决定了学生是满怀热情全身心投入一项任务，还是冷漠、懒散地对待。通常，动机可以让学生花更多的时间去完成任务，这是影响他们的学习和成绩的一个重要因素。被动机激发的学生经常会持续地努力做到真正理解课程材料，进行有意义的学习，并考虑如何把所学运用到实际生活中。学生取得学业成功的动机越强，在考试中得到A时，他们就会越自豪，得到低分时就越不开心。学生越想得到同伴的认可和尊重，当自己被接纳时，他们会更重视群体“内”的伙伴关系，当被同伴排斥的时候也会更伤心。那些学习动机强烈且在班级活动中表现优异的学生往往就是取得最高成就的学生。

一、激发学习动机的 MUSIC 模型

研究发现学生学习动机的增强对于学习成果具有非常大的作用，我们需要思考学校教育中应如何提高学生的学习动机。对于教育来说，最核心的莫过于教学了，老师怎样教，学生怎样学，这是教育研究中一个永恒的研究课题。尤其是教育心理学当中对人的认知过程的深刻理解，为今天的教育学提供了坚实的理论基

础。教学活动对工科学生取得成功可能存在重要影响①。学生选择工程专业可能是受到多种因素的激励，例如，心理的或个人的原因，出于为社会利益作出贡献的渴望，经济保障，或者有时将工程专业作为步入另一个行业的敲门砖等等。某些因素对所有工科学生有较大的激励作用，例如，内在的心理和行为动机。某些因素只是对一类群体有影响，通常来说，对女性学生而言，导师的激励作用更大，而对男性学生而言，工程的"制造"和"动手"方面（行为动机）具有更大的激励作用。工程教育需要全面了解各因素的作用，尤其是在学校教育中的因素，这对工程教育者来说非常重要。目前学习动机领域存在一些问题，大部分的研究一直是理论多于应用，这对该领域的学者来说是没有问题的，但一线教师们不能从中获得切实可行的建议。在本书中，专注于那些最适合学生的学术环境的研究和理论。

学者申克等（Schunk et al.）提出了学习动机的定义，动机是一种推断过程，从行动（例如，选择任务、努力、坚持）和语言表达（例如，我喜欢物理学），到目标导向的身体或精神活动，是鼓动和持续的过程②。这一定义被社会认知理论应用，认为学生拥有某些心理需求，而社会环境的特性会影响这种学生心理需求的满足，即心理需求的满足影响学生的感知和行为。我们知道学习动机非常重要，具有强烈动机的学生会倾向于积极参与活动，这些活动会帮助学生提高学术能力。所以研究转向考虑采取何种

① Blickenstaff, J. C. Women and Science Careers: Leaky Pipeline or Gender Filter? [J] Gender and Education, 2005, 17(4).

② Dale H. Schunk, et al. Motivation in Education: Theory, Research, and Applications [M]. Boston: Pearson, 2008: 4-5.

方式提高学生学习的动机。学生有一定的心理需求，当外部环境满足和影响这些需求时将会影响学生的观念和行为。基于这样的假设，本书将采用学者琼斯（Jones）构建的MUSIC模型来对如何促进学生学习动机进行研究，研究其中哪一项或多项的因素将会影响学生的学习动机，进而探索出哪些会对提高学生的学习效果有帮助。该模型在高中学生以及大学网络课程学生群体中做了验证，结果显示效果良好。本书根据研究需要对量表中的问题进行了部分修订，使其更加符合国内高校工科新生课程学习的情况。研究结果将会有助于教师理解如何采取行动提高学生的学术成绩。

本书引用影响学生学习动机的五项重要因素组成MUSIC模型，希望能够引导教师在课程中加以利用。教师在设计课程时需要考虑能够影响学习动机的五个组成部分：（1）自主权（empowerment）；（2）实用性（usefulness）；（3）成功（success）；（4）兴趣（interest）；（5）关心（caring）。MUSIC的名称，是由“自主权”的英文第二个字母和其他四个组成部分的英文第一个字母的缩写组成。模型的每个组成部分都来自教育和心理学领域的研究和理论。尽管研究人员已经做了许多研究，比较了解如何按照客户的需求来提供个人激励，但是这些研究大多是在高等教育课堂以外进行的。因此，基于最新的研究和理论提供一个适用的模型，用这些研究和理论检查高等教育内部课程学习。MUSIC模型的贡献主要是在分析、评估和综合的基础上，将激励研究粘结成一体的模式。研究表明，当教师在培养学生过程中，使用其中的一个或多个组成部分，学生能更主动地参与学习，从而提升学习效果（见图3-3）。

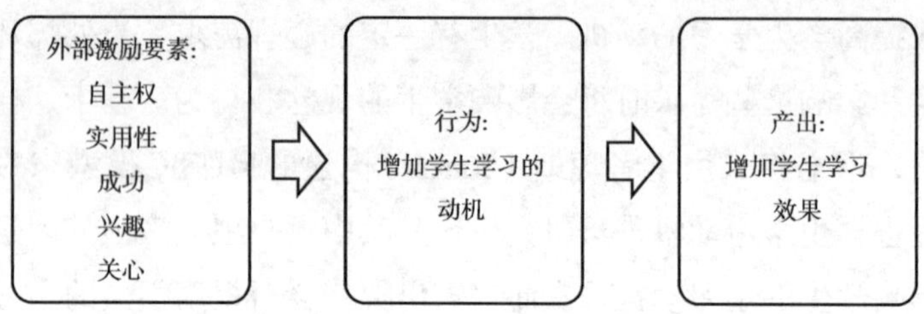

图 3–3　基于社会认知理论框架下激励动机因素与行为、产出路径

现实中，对于哪些因素能够激励学生在特定课程的表现，确实不能简单给出确切的满足需要的因素数量。也没有证据说必须满足上述五个因素才能激励学生。然而，研究显示在某些背景下，其中的某些因素是紧密相关的[①]，可以用多个因素解释学生的动机[②]，多个因素共同发挥作用要比单一因素能够产生更高水平的激励作用[③]。因此，教学人员有必要运用上述五个因素，这样就能够更好地激发学生的学习动力。下面将从概念内涵、理论背景上对五项因素进行详细的阐述。

（一）自主权

在自我决定的框架下，一些学者已经展开了有关自主权领域

① Kaufman, A., Dodge, T. Student Perceptions and Motivation in the Classroom: Exploring Relatedness and Value [J]. Social Psychology of Education, 2009, 12(1).

② Griffin, K. A. Striving for Success: A Qualitative Exploration of Competing Theories of High- achieving Black College Students' Academic Motivation [J]. Journal of College Student Development, 2006, 47(4).

③ Simons, J., et al. Placing Motivation and Future Time Perspective Theory in A Temporal Perspective [J]. Educational Psychology Review, 2004, 16(2).

非常缜密的研究[①]。自主权就其英文字义empowerment而言，来自empower，它具有权力或权威的释放的意思，20世纪70年代以后，empower又赋予新的意义，除了权力下放之外，又增加了增进做事能力。自主权之立论基础，来自需求满足的激励理论，认为个体一旦获得权力，达到心理需求的满足，就成为个体继续向上提升的一股力量，亦将成为尔后自我实现的泉源，因此不管在企业界或教育界都相当重视自主权的运用，逐渐摒弃过去的权威式领导或父权式领导，让成员们都能分享权力，并从权力运用中发展其责任感[②]。本书中自主权指的是学生对学习的有意识的控制的数量。这个理论的一个重要的原则就是当个体在参加活动时，他们相信自己能掌控活动的某些方面，这使得个体更加享受活动本身。能够自我决定（也即自治）的个体有能力作出选择并管理好他们自身在所处环境中的活动方式。这些活动包括在一个连续的范围内，在活动中允许个体自我决定。完全自治的学生享有内在核心的控制，因为他们能在活动中享有高度自由，能够决定他们的行动[③]。相反，没有完全自治的学生只能掌控外部核心，因为他们没有自治权或者选择感、控制感。

教学人员设计某一门课程时，应该授权他们的学生决定如何学习。教学人员应当认识到其自身对学生的控制并不重要，重要

① Deci, E. L., Ryan, R. M. Intrinsic Motivation and Self-determination in Human Behavior [M]. New York: Plenum, 1985.

Ryan, R. M., Deci, E. L. Self-determination Theory and Facilitation of Intrinsic Motivation, Social Development, and Well-being [J]. American Psychologist, 2000, 55(1).

② 吴清山，林天祐.教育新辞书[M].台北：高等教育文化出版社，2005.

③ Reeve, J., Nix, G., Hamm, D. The Experience of Self-determination in Intrinsic Motivation and the Conundrum of Choice [J]. Journal of Educational Psychology, 2003, 95.

的是让学生察觉到他们能控制学习的某些方面。激励学生的最佳控制量是因人而异的，而且需要考虑到这种激励可能取决于许多变量，包括内容的难度、学生的能力、学生拥有的与内容相关的先前经验的程度。其核心是学生必须相信他们对学习的某些方面能够施加控制。

教师的控制风格可以分为高度拥护自治风格、高度控制风格等[①]。拥护自治的教师会加强课堂教学的组织，并有规则和限制，自治并不等于放任自流，都是以预先通知和非控制的方式从事这些活动，而不是以强制的和控制的方式，理解这一点非常重要[②]。一系列的研究表明，在支持自治的教师管理下的学生受益匪浅，包括有助于学生对概念的学习、更强的学术和社交能力、更强的自我价值感和自尊、更强的创造力、更倾向于接受挑战性任务、更积极的心态、更高的课堂出勤率，获得更好的成绩[③]。

（二）实用性

动机的期望价值模型[④]描述，学生的表现直接受到期望和价值的影响。这个模型当中重要的核心是价值成分，即实用价值，被定义为任务对个人未来目标的实用性。研究人员已经证实学

① Reeve, J., Jang, H. What Teachers Say and Do to Support Students' Autonomy During A Learning Activity [J]. Journal of Educational Psychology, 2006, 98(1).

② Reeve, Johnmarshall. Motivating Others: Nurturing Inner Motivational Resources [M]. Boston: Allyn and Bacon. 1996.

③ Filak, V. F., Sheldon, K. M. Teacher Support, Student Motivation, Student Need Satisfaction, and College Teacher Course Evaluations: Testing A Sequential Path Model [J]. Educational Psychology, 2008, 28(6).

④ Eccles, J. S., et al. Expectancies, Values, and Academic Behaviors. In J. T. Spence (Ed.), Achievement and Achievement Motivation [M]. San Francisco, CA: Freeman, 1983: 75-146.

生的价值观与他们在测试上的努力[①]以及他们的意图和活动选择（包括他们是否会继续参与在某一特定学科领域的课程）是紧密相关的[②]。一个学科领域或者课程如果是学位必修课程或者对他（或她）的未来职业有用，就会具有较高的实用价值。例如，在一项有关大学工科新生的研究中，发现学生选择工程职业的意愿的最佳指标就是实用价值水平，这能解释选择工程职业意愿中的51%的变量[③]。

有研究者考察了学生的动机如何受到他们学习内容对未来的实用性认知的影响[④]。研究发现拥有长远目标并做好实现长期目标计划的学生比只有短期目标的学生的学习动力更大。更进一步地，研究结果显示当学生察觉到学习内容与美好未来相关的时候，学习动力更大，反之当学生认为学习内容与他们的目标不相关时，学习动力相对就变小了。感知到课程高度实用性并有内在约束（个体参与课程的潜在动力）的大一学生比没有看到课程实用性或者缺乏内在约束的学生更有积极性并能取得更加积极的学习成果[⑤]。

---

① Cole, J. S., et al. Predicting Student Achievement for Low Stakes Tests with Effort and Task Value [J]. Contemporary Educational Psychology, 2008, 33.

② Wigfield, A., Eccles, J. S. Expectancy-value Theory of Achievement Motivation [J]. Contemporary Educational Psychology, 2000, 25.

③ Jones, B. D., et al. An Examination of the Relationships between Expectancies, Values, Achievement, and Career Intentions for Freshman Engineering Students[A]. The Annual Meeting of the American Educational Research Association, Denver, CO. 2010.

④ Tabachnick, S. E., et al. The Relationships among Students' Future- oriented Goals and Subgoals, Perceived Task Instrumentality, and Task-oriented Self-regulation Strategies in An Academic Environment [J]. Journal of Educational Psychology, 2008, 100(3).

⑤ Simons, J., et al. Placing Motivation and Future Time Perspective Theory in a Temporal Perspective [J].Educational Psychology Review, 2004, 16(2).

教师应该确保学生明白他们所学的内容为什么是有用的。某些课程的内容的实用性是显而易见的，教师无须赘述。而另外一些课程，看起来对学生兴趣或者现实世界的利益（包括职业目标）的作用并不是十分明显。这就需要教师来让学生明白理解为什么所学的课程是有用的，比如数学的学习，由于其抽象性，有时部分内容不容易理解与应用。

（三）成功

目前广泛被大家接受的观点认为，获取成功是人类的内在需求①。人类追求成功，为此他们更愿意从事自己所擅长的事情。换句话说，人们想要避免无能和失败。能力自知（一个人相信自己的能力）是近年来许多动机理论的核心，包括自我概念理论②、自我效能理论③、自我价值理论④、目标导向理论⑤以及期望价值理论⑥。一个人的能力知觉已经被认为对一个人的动机是非常重要

① Elliot, A. J., Dweck, C. S. Competence and Motivation[C]//In A. J. Elliot, & C. S. Dweck (Eds.), Handbook of Competence and Motivation. New York: Guilford, 2005: 3-12.

② Marsh, H. W. A Multidimensional, Hierarchical Self-Concept: Theoretical and Empirical justification [J]. Educational Psychology Review, 1990, 2.

Marsh, H. W., Yeung, A. S. Causal Effects of Academic Self-Concept on Academic Achievement: Structural Equation Models of Longitudinal Data [J]. Journal of Educational Psychology, 1997, 89(1).

③ Bandura, A. Social Foundations of Thought and Action: A Social Cognitive Theory [M]. Englewood Cliffs, NJ: Prentice-Hall, 1986.

Bandura, A. Self-efficacy: The Exercise of Control [M]. New York: Freeman, 1997.

④ Covington, M. V. Making the Grade: A Self- Worth Perspective on Motivation and School Reform [M]. New York: Cambridge University Press, 1992.

⑤ Ames, C. Classrooms: Goals, Structures, and Student Motivation [J]. Journal of Educational Psychology, 1992(84).

⑥ Wigfield, A., Eccles, J. S. Expectancy-value Theory of Achievement Motivation [J]. Contemporary Educational Psychology, 2000(25).

的，最近出版的名为《能力与动机指南》的动机手册强调能力是“成就动机文献的概念核心”[①]。

学生们重视成功是因为它能提供反馈，以便于他们调整能力自知（当然从某种程度来说，失败也具有这种功能）。与不认为会成功的学生相比，相信在一项活动中可能取得成功的学生更可能选择积极参与活动，付出更多的努力，在活动中坚持更久（尤其是当面对挑战性任务时），克服不利情况的能力更强，面对有挑战性的目标和需要时，他们能够坚持承诺，处理有难度的活动时焦虑更少，并取得更高水平的成就[②]。对于要激励的学生来说，仅仅是取得成功是不够的，因为学生不能从容易取得的成功中获得乐趣。与流畅感理论相关的研究显示，个人在难度与自身能力相当的活动中获得的快乐最大[③]。当活动的难度超过学生们的能力水平时，他们会感到焦虑。当活动的难度低于学生们的能力水平时，他们会感到无聊。当学习内容的难度与自身能力相匹配时，学生更能专心投入学习并从中收获更大。

教师应该设计课程的各个方面，这样学生才能在付出努力的情况下，获得知识和技能上的成功。学生需要相信如果他们在课程上付出努力，他们就可以成功。这并不意味着课程必须简单。事实上，如果课程太简单，学生将会厌烦和无学习动机。教师需

① Elliot, A. J., Dweck, C. S. Handbook of Competence and Motivation [M]. New York: The Guilford Press, 2005.

② Schunk, D. H., Pajares, F. Competence Perceptions and Academic Functioning. In A. J. Elliot, & C. S. Dweck (Eds.), Handbook of Competence and Motivation [M]. New York: Guilford, 2005: 141-163.

③ Csikszentmihalyi, M. Flow: The Psychology of Optimal Experience [M]. New York: Harper Perennial, 1990.

要将课程设计得富有挑战性，对学生的知识和技能给以反馈，为学生成功提供必需的资源。

（四）兴趣

有关兴趣的理论和概念定义目前来说存在很多种界定[①]，但是被大家普遍接受的一个一般性的定义，是指兴趣是“喜欢并有意地投入认知活动”[②]。因此，兴趣是一种心理状态，由积极情感的成分（喜欢）和专心投入的认知成分两部分组成[③]。大多数研究者区分下述两种兴趣，一是情境兴趣（类似于好奇心），具有暂时的价值，受到环境的触发，取决于特定的背景；二是个人（个体）兴趣，具有长久的个人价值，受到内在触发，并取决于特定的主题[④]。兴趣还与注意力、记忆力、理解力、深度认知投入、思考、目标设定、学习策略、专业选择以及成就的测量程度等众多因素呈正相关关系[⑤]。兴趣虽然能引发许多积极结果，但是它也可能依赖于背景，若干假设已经被提出并进行研究，包括兴趣导致对任务的更大注意力，兴趣能使学生更轻易地回顾更多先前学到的知识，兴趣能使学生减少参与不感兴趣的任务的时间，从而增加了

① Krapp, A., et al. Interest, Learning, and Development[C]//In K. A. Renninger, S. Hidi, & A. Krapp (Eds.), The Role of Interest in Learning and Development. Hillsdale, NJ: Erlbaum1992: 3-25.

② Schraw, G., Lehman, S. Situational Interest: A Review of the Literature and Directions for Future Research [J]. Educational Psychology Review, 2001, 13(1).

③ Hidi, S., Renninger, K. A. The Four-phase Model of Interest Development [J]. Educational Psychologist, 2006, 41(2).

④ Schraw, G., Lehman, S. Situational Interest: A Review of the Literature and Directions for Future Research [J]. Educational Psychology Review, 2001, 13(1).

⑤ Schunk, D. H., et al. Motivation in Education: Theory, Research, Andapplications [M]. Upper Saddle River, NJ: Pearson, 2008.

任务内容的投入时间。

希迪和伦宁格（Hidi and Renninger）研发了一个有价值的框架来发展个体兴趣。他们提出了一个四阶段模型。这四个阶段被视为是相继的过程，情境兴趣是个体兴趣的基础。只有当学生开始获得更多的内容知识并重视内容时个体兴趣才会产生。因此，一些活动被设计成抓住学生的短期注意力，例如，融入许多听觉或视觉因素的活动可能会激发学生的情境兴趣，但是这样并不一定能引发个体兴趣，除非学生也能收获必需的内容知识并重视它[①]。情境和个体因素总是相互作用，既会创造兴趣，也可能导致兴趣缺乏[②]。例如，可能对某些工程系学生来说制造机器人很有兴趣，但是对那些过去已经制造过类似机器人的学生来说就没那么大的兴趣，即使他们对工程有兴趣。最后，教师必须谨慎，切忌使用过多的有趣细节激发情境兴趣，因为过多的有趣细节可能降低学生的认知处理能力，并实际上减少了学生的学习内容[③]。

教师应该保证他的课堂活动、课程主题是学生感兴趣的。教师意识到他能影响学生兴趣是至关重要的。研究者希迪和伦宁格对这一观点进行了总结与概括，他们认为“兴趣潜在于人体内，

① Harackiewicz, J. M., et al. Short-term and Long- term Consequences of Achievement Goals in College: Predicting Continued Interest and Performance over Time [J]. Journal of Educational Psychology, 2000, 92(2).

② Tsai, Y. M., et al. What Makes Lessons Interesting? The Role of Situational and Individual Factors in Three School Subjects [J]. Journal of Educational Psychology, 2008, 100(2).

③ Mayer, R. E., et al. Increasing Interestingness of Extraneous Details in Multimedia Science Presentation Leads to Decreased Learning [J]. Journal of Experimental Psychology: Applied, 2008, 14(4).

但是背景和环境能够指明个人的兴趣方向并有助于兴趣发展”[①]。引发兴趣的创意性课堂背景能吸引学生的注意力，但是需要注意的是教师应该避免仅仅使用花招，因为花招只能引起学生几分钟的兴趣，不能引发持续的兴趣或者不能很好地引导学生实现课程目标。更进一步的，教师应该不仅仅思考创新课堂活动，而且要思考如何整合课程的各个方面，培养学生对课程内容的持久兴趣。

（五）关心

许多研究者相信所有的人都有建立和维持关爱的人际关系的需要[②③]，就是要获得关心。研究者已经用许多不同的词语指代关心的概念，例如归属感、相关性、联络性、附属、参与、依恋、承诺、结合以及团体感。鲍迈斯特和利瑞（Baumeister and Leary）提出归属需要有两个主要的特点：第一，个人需要与另一个人的频繁个人互动；第二，个人需要察觉到另一个人在乎他们的生活并且喜欢他们，彼此之间的关系是稳定的并可以延续到可预见的未来。

为了更全面地理解关心的成分，有必要考虑研究人员是怎么定义教师与学生之间的“关心”人际关系。里夫（Reeve）指出研究者对这些关心关系的定义取决于教师显示情感（例如，对学生的喜爱、欣赏）、关心、协调（理解、意气相投）、可信任性（当需要时可以得到），以及对学生的知识、了解详细的兴趣

---

① Hidi, S., Renninger, K. A. The Four-phase Model of Interest Development [J]. Educational Psychologist, 2006, 41(2).

② Baumeister, R., Leary, M. The Need to Belong: Desire for Interpersonal Attachments as A Fundamental Human Motivation [J]. Psychological Bulletin, 1995(117).

③ Ryan, R. M., Deci, E. L. Self-determination Theory and Facilitation of Intrinsic Motivation, Social Development, and Well-being [J]. American Psychologist, 2000, 55(1).

情况、提供资源的贡献（例如，时间、兴趣、帮助、精力、情感支持）[①]。与教师的关心关系显示出与内发动机、积极应对、相对自治、学校参与、期望、价值、努力、认知参与、自我效能、持久性以及表现相关[②]。一些研究显示与教职人员的关心关系对学生来说是非常重要的[③]，没有教职人员学生会感到无助[④]。关心关系的这些积极成果的可能原因包括：（1）学生想要取悦他们的教师；（2）如果学生尊重教师，更易于接受他或她的价值观；（3）关心能够产生积极感觉和动机状态，这将有助于学生感到更加舒服地投入更多积极学习，例如提出问题和回答问题[⑤]。

教师应该表现出他们重视学生是否成功地达到课程目标。关心并不是指教师要成为学生的好朋友，朋友之间的那种关心。尽

① Reeve, J. Motivating Others: Nurturing Inner Motivational Resources [M]. Boston: Allyn and Bacon, 1996: 205.

② Freeman, T. M., et al. Sense of Belonging in College Freshmen at the Classroom and Campus Level [J]. The Journal of Experimental Education, 2007, 75(3).

Furrer, C., Skinner, E. Sense of Relatedness as A Factor in Children's Academic Engagement and Performance [J]. Journal of Educational Psychology, 2003, 95(1).

Hyde, M. S., Gess-Newsome, J. Adjusting Educational Practice to Increase Female Persistence in the sciences[J]. Journal of College Student Retention, 1999/2000, 1(4).

Murdock, T. B. The Social Context of Risk: Status and Motivational Predictors of Alienation in Middle School [J]. Journal of Educational Psychology, 1999(91).

Osterman, K. F. Students' Need for Belonging in the School Community [J].Review of Educational Research, 2000, 70(3).

Walker, C. O., Greene, B. A. The Relations between Student Motivational Beliefs and Cognitive Engagement in High School [J]. Journal of Educational Research, 2009, 102(6).

③ Levett-Jones, T., et al. Staff-student Relationships and Their Impact on Nursing Students' Belongingness and Learning [J]. Journal of Advanced Nursing, 2009(65).

④ Margolis, J., Fisher, A. Unlocking the Clubhouse: Women in Computing [M]. Cambridge, MA: MIT Press, 2002.

⑤ Stipek, D. J. Motivation to Learn: From Theory to Practice [M]. Boston: Allyn& Bacon, 1998.

管与学生友好相处、对学生没有敌意是很重要的，但是关心设计的重点是让学生相信教师重视他们的学习活动。重视学生学习的一个重要方面包括了教师在乎学生的生活。在高等教育阶段，学生的生活通常只有当学生个人生活的某个问题干扰了课程要求时才变得相关。因此，要把学生当作有生活的人来尊重，考虑课程安排怎么能积极地影响与课程目标及他们个人生活相关的学习。

二、专业成长的工程职业认同模型

上一部分，依据社会认知理论，建构了学生课堂经历感受的MUSIC模型以促进学生学习动机。接下来，本书希望进一步增加对未来工程师——工科学生——的职业、专业特性的认识，建构学生的工程职业认同模型。工科学生专业成长的过程是学生的自我意识不断受到工程职业的文化影响，两者不断互动，逐渐由外部工程职业文化转化为学生自我的一部分的过程，这一过程受到课程以及课外的因素影响，这里着重论述课程的影响。

（一）工程职业认同界定

在动机的社会文化观中，身份这个概念是核心。当我们是工程师、医生、律师时，我们就拥有属于这个群体的身份。身份认同一词源于拉丁文idem，后来发展为英语中的identity一词，有三重含义：一是使等同于、认为与……一致，二是同一性、认同，三是身份、正身。学者们普遍认为认同有“同一”和“独特”两个含义，揭示了“相似”和“相异”两层关系。个人与他人或其他群体的相异、相似的比较构成了个人在社会网络中的位置，从而确定了身份，认同也就融合了身份认同的意思。由此，构成

identity的第四层含义为身份认同[①]。曼纽尔·卡斯特认为，认同是人们获得其生活意义和经验的来源，它是个人对自我身份、地位、利益和归属的一致性体验[②]。

近几十年，在符号互动理论和后现代主义思潮的影响下，建构主义视角的认同理论在各个社会学科中发展起来。建构主义视角下的认同不是一个产品，而是一个过程，具有如下特点：认同发生在具体的、互动的场景下；认同是多元的过程而不是单一的、独立的结构；认同不仅仅源于个人，而是个人与社会情境相协商的过程；认同构建是通过语言实现的[③]。基于身份认同的概念，又有学者提出了职业身份认同。萨米亚等（Samia et al.）认为，职业认同（Professional Identities）是个人作为职业中的成员的自我定义，它和职业角色的制定有关[④]。同样的，职业认同的定义呈现出从结构主义向建构主义的过渡。许多研究者关注职业认同的复杂性和社会性。将职业认同定义为蕴含于广阔、复杂、动态的“个人知识风景”中的“我们赖以生存的故事”，不仅涉及个人和社会的互动，还涉及时间的跨越和空间的变化[⑤]。可以说职业认同的定义更加关注职业认同的动态性、多元性以及主体与社会结构之间的互动性。

近些年来，工程教育研究者们开始重视用职业认同来看待职

---

① 张淑华，等.身份认同研究综述[J].心理研究，2012（1）.

② （美）曼纽尔·卡斯特.认同的力量[M].曹荣湘，译.北京：社会科学文献出版社，2006.

③ De Fina, A., et al. Discourse and Identity [M]. Cambridge: CUP.2006.

④ Samia C., et al. Inter Level Influences on the Reconstruction of Professional Role Identity [J]. Academy of Management Journal, 2007(50).

⑤ Connelly, F. Clandinin. D. Shaping A Professional Identity: Stories of Educational Practice[M]. New York: Teachers College Press, 1999.

业性非常强的工程师职业以及工科学生的培养。职业不仅是有关职业特点的任务和专业知识的总和，它们本质上体现为由任务和专业知识而构成的一个文化系统[①]。职业文化可以被看作包括了一种职业及其活动相关的半自治的意义系统、仪式、神话、习惯和符号[②]。在成为一个职业的正式成员的路径上，新手将被期望学习接触职业的文化，认同它，并支持它的价值观，最终作为自己的文化信仰和世界观[③]。职业文化的意义系统推进职业身份特质的多样性，其中某些特质被高度重视。比如，在工程文化中，看重职业身份特征包括致力于技术进步、逻辑思维和实际解决问题的能力[④]。虽然工程师认为工程对社会的变革有贡献[⑤]，但有研究发现实际上社会意识和沟通技巧，在工程师群体中通常既不被高度重视，也没有在工程教育中被着重强调[⑥]。

职业社会化的过程中，学生期望了解哪些特质是最被期望的、有价值的和有回报的[⑦]。社会心理学研究并解释了这一过程，通过

① Weeden, Kim A., David B. Grusky. The Case for a New Class Map [J]. American Journal of Sociology, 2005, 111(1).

② Cech, Erin A. The Self-expressive Edge of Occupational Sex Segregation [J].American Journal of Sociology, 2013, 119(3).

③ Pratt, Michael G., et al. Constructing Professional Identity: The Role of Work and Identity Learning Cycles in the Customization of Identity among Medical Residents [J]. The Academy of Management Journal, 2006, 49(2).

④ Faulkner, Wendy. Dualism, Hierarchies and Gender in Engineering [J].Social Studies of Science, 2000, 30(5).

⑤ National Academy of Engineering. Grand Challenges of Engineering[R]. Washington, DC: The National Academies Press, 2008.

⑥ Cech, Erin A. Culture of Disengagement in Engineering Education? [J].Science, Technology, & Human Values, 2014, 39(1).

⑦ Dryburgh, Heather. Work Hard, Play Hard: Women and Professionalization in Engineering— Adapting to the Culture [J]. Gender & Society, 1999, 13(5).

对新手身份特质的多样性实验，观察新手在培训期间遇到高度重视和边缘的身份特质问题，以及学生在实验中尝试如何选择身份特质。实验中研究者建立了一个概念，把临时身份特质称为“临时自我”。这些“临时自我”成为一座桥梁，把“学生已有的能力和自我概念与未来他们的新角色预期持有什么态度和行为”[①]连接起来。在接下来的培训过程中，学生会对临时自我的特质做出决定，哪些特质将融入他们的职业身份，哪些特质他们会放弃。

但是，我们仍然需要知道个体如何决定接纳或放弃他们尝试的特质。学生在开始进入他们的职业教育时并非完全是一块白板，他们已经形成了某些强大的自我信念。吸收某些职业认同特质的一个关键因素是这些特质与学生的现有自我信念的一致性[②]。当一个特质与个人的自我信念一致时，它更有可能被吸收进个人的职业认同；如果不一致，即使在行业文化中它是一个显性的身份特质，也有可能被拒绝。这种一致性寻求过程中的过滤形成了身份控制理论，即个人依赖积极和消极的反馈调节自我信念[③]。在这个反馈过程中，社会背景提供了对个人身份特征的“输入”，这会引起个体对现有的自我概念进行判断。当输入与现有的特征不一致时，这种差异就成为调整或拒绝这些特征的基础[④]。这种一致性追求是社会心理研究中的重大发现，为了保持自我概念，人往往

① Ibarra, Herminia. Provisional Selves: Experimenting with Image and Identity in Professional Adaptation [J].Administrative Science Quarterly, 1999, 44(4).

② Swann, William B. Identity Negotiation: Where Two Roads Meet [J]. Journal of Personality and Social Psychology, 1987, 53(6).

③ Owens, Timothy J., et al. Three Faces of Identity [J]. Annual Review of Sociology, 2010, 36(1).

④ Robinson, Dawn T. Control Theories in Sociology [J]. Annual Review of Sociology, 2007, 33(1).

寻求互动，在环境中确定他们的自我概念。由于这一规律，自我概念相当抗拒改变，我们可看到在校大学生在学习过程中正经历这样的一个巨大的人生改变①。

职业社会化的力量很强大，特别是在其职业发展的初期阶段，虽然大多数学生有一个清晰的占主导的职业认同特征的意识，但是职业认同会对学生现有的自我概念进行塑造②。在以后的专业学习中学生自我概念和职业认同之间相互发生作用，需要很长时间才能达到一致性③。职业认同理论的发展具有很大的社会意义，因为它可能对不同职业生涯的结果产生影响。例如，当学生愿意接受大部分由职业文化确定的有价值的职业身份特质，那么学生可能会更加坚定地留在这一专业，把他们的自我概念与职业身份特征更好地配合起来。反之，学生则可能干脆离开这个专业或职业④。

综上，本书中把工程职业认同看作工科学生成为未来工程师的自我定义，在学习活动中形成的情感与行为，它是工科学生对自我身份、利益和归属的内在一致性体验。对于工科生而言，工程师职业认同会对他们在接受工程教育过程中的学习心理和学习行为产生重要影响。因此，对工程师职业的积极认同是工科生形成良好学习态度、学习动机和学习行为的重要因素。基于此，研

---

① Schlenker, Barry R., James V. Trudeau. The Impact of Self-presentations on Private Self-beliefs: Effects of Prior Self-beliefs and Misattribution [J].Journal of Personality and Social Psychology, 1990, 58(1).

② Markus, Hazel and Paula Nurius. Possible Selves [J].American Psychologist, 1986, 41(9).

③ Johnson, Monica Kirkpatrick. Change in Job Values during the Transition to Adulthood [J]. Work and Occupations, 2001, 28(3).

④ Cech, Erin A., et al. Professional Role Confidence and Gendered Persistence in Engineering [J].American Sociological Review, 2011, 76(5).

究中把工科生的职业认同纳入研究，通过分析和掌握工科新生群体性的特点，为加强和改善工科新生的培养工作提供科学依据。

（二）工程职业认同模型组成

通过前面文献综述部分，可以看出对于职业认同的构成维度学术界还没有定论，存在着多个观点。有学者在借鉴国内外有关教师职业认同研究的基础上，提出了免费师范生教师职业认同的三维结构模型（内在价值认同、外在价值认同、意志行为认同）①。也有学者认为免费师范生的职业认同包括四个维度：职业价值、职业意愿与期望、职业意志、职业效能②。此外有学者从“认同”概念的释义入手，将免费师范生教师职业认同分为职业认知、职业情感、职业意志、职业能力和职业价值观几个维度③。学者将免费师范生的教师职业认同分为热爱型、兴趣型、功利型、回避型等四种类型④。也有学者认为免费师范生的教师职业认同由职业情感认同、职业价值认同、职业地位认同、职业技能认同四因素构成⑤。另外学者以地方院校免费师范生为对象，构建生源地归属、县域服务、社会支持等认同维度，考查其职业认同特征⑥。

根据前文工程职业认同概念的界定以及已有对职业认同维度

---

① 赵宏玉，等.免费师范生的教师职业认同：结构与特点实证研究[J].教师教育研究，2011（6）.

赵宏玉，等.免费师范生教师职业认同量表的编制[J].心理与行为研究，2012（2）.

② 曾丽红.免费师范生职业认同现状调查与对策建议[D].重庆：西南大学，2010.

③ 胡苗锋.免费师范生教师职业认同研究[D].上海：华东师范大学，2012.

④ 魏彩红，等.免费师范生的职业认同类型及其学习动机特点研究[J].教师教育研究，2013（3）.

⑤ 范兴华，等.六年制免费师范生的教师职业认同结构及特点[J].心理研究，2014（2）.

⑥ 李佳源，等.免费师范生角色认同及强化途径探寻——基于成都市某高校免费师范生培养现状的实证研究[J].教师教育学报，2014（5）.

的分析，笔者提出工程职业认同包括了工程专业定位、工程实用性、工程专业归属。这三个维度既包括了成员身份、地位、利益和归属，也有职业的知识、价值文化观念的成分，下面将会论述这三个维度。

1. 工程专业定位

工程专业定位这一概念目前很少被工程教育研究者用来研究工科学生的坚持不懈学习，但其他领域的研究显示，这一理论可能具有重大的解释力。所谓专业定位是指学习者对所学专业的接受与认可，并愿意以积极的态度和主动的行为去学习与探究。它是一个与学习过程相伴随的动态概念，学习者在与其他参与者互动的过程中，会因内在因素与外在环境的变化而改变自己对专业的既有看法，可能会对某一专业由陌生到喜欢并为之努力，也可能会由喜欢到茫然甚至背弃[①]。通过专业定位，个体能够对自身能力有更真实、准确的理解，对其价值观有更好的理解，在价值观基础上树立自尊。除了能力概念，价值观在专业定位概念的发展中扮演重要角色。在这里我们把专业定位限定于工程学科，在目前研究中，工程专业定位概念非常重要，因为它会与成就、课堂参与、课程材料的深度认知处理和自我管理、平均成绩点数（GPA）和学术荣誉、减少旷课等积极结果相关。

这里需要简单说明一下，本书中工程专业定位这一概念与工程职业认同内涵并不相同。人们常常把专业和职业联系在一起，但是实际上这两者有所区别，专业是学业门类，职业是工作门类。两者在实际中既可能相互包含，也会相互不相关。举例来说，工

① 王顶明，刘永存.硕士研究生专业认同调查[J].中国高教研究，2007（8）.

科学生学习的是工程专业，未来会成为工程师（职业），但也可能成为官员（职业）。所以本书中，工程职业认同的范围更广一些，包括了专业知识以及其他专业文化；工程专业定位主要涉及大学期间专业学习方面。

2. 工程实用性

实用价值是指“任务如何融入个人的未来计划”①。琼斯等人定义的工程实用价值是“工程的实用性方面达到自己的短期和长期目标”②。实用价值理论影响学生的入学率，并在未来的课程和职业的选择等方面很有价值③。对那些工科新生群体来说，社会价值比个人价值具有更重要的意义。工程需要让学生了解学习工程不仅对自己，而且将会对社会存在价值。工程师作为改变世界的主要力量之一，他们自身必须有采取行动的意愿。工程师的社会责任意识不能受到损害，需要保护与发展工程师的社会责任。工程课程必须超越技术技能，并遵循支持社会责任的原则。如果教育的目标是培养工程师成为采取对社会和环境负责任的方式来解决问题的人，那么，对工科学生的角色和责任态度的培养，在本科

① Eccles, J. S. Subjective Task Value and the Model of Achievement-relatedchoices[C]//A. J. Elliot, C. S. Dweck.Handbook of Competence and Motivation. New York: The Guilford Press, 2005: 105-121.

② Jones, B. D., et al. An Analysis of Motivation Constructs with First-year Engineering Students: Relationships among Expectancies, Values, Achievement, and Career Plans [J]. Journal of Engineering Education, 2010, 99(4).

③ Eccles, J. S. Subjective Task Value and the Model of Achievement-relatedchoices[C]//A. J. Elliot, C. S. Dweck.Handbook of Competence and Motivation. New York: The Guilford Press, 2005: 105-121.

Wigfield, A., et al. Expectancy-value Theory in Cross-culturalperspective[C]//D. M. McInerney, S. Van Etten. Big Theories Revisited: Research on Sociocultural Influences on Motivation and Learning. Information Age Publishing, 2004: 165-198.

学习发展中占有重要的地位①。

3. 工程专业归属

归属感被定义为一个人与一个组织之间心理联系的程度②。事实上，所有的个人都需要建立和维持与更广泛的社会团体之间的关系③。尤其对于那些成长中的孩子来说，归属感十分重要。具体到工科学生的归属感，它能够使学生一直保持着积极的学习态度④。具体到大学新生，专业归属感能让学生感受到教师的关怀和鼓励，从而使他们始终保持着积极的学习状态⑤。相反，缺乏工程归属感⑥和学术适应性⑦已被证明与学生逃离工程专业的现象存在相关性。需要指出的是归属感不同于场域定位，归属感更多地强调个人与组织之间的联系，而场域定位则是强调特定场域对个体的影响。

---

① Vanasupa L., et al. Global Challenges as Inspiration: A Classroom Strategy to Foster Social Responsibility [J]. Science and Engineering Ethics, 2006, 12(2).

② Brown, S. D., et al. Perceived Social Supportamong College Students: Factor Structure of the Social Support Inventory [J]. Journal of Counseling Psychology, 1988, 35(4).

Mallinckrodt, B., Wei, M. Attachment, Social Competencies, Social Support, and Psychological Distress [J].Journal of Counseling Psychology, 2005, 52(3).

③ Baumeister, R., Leary, M. The Need to Belong: Desire for Interpersonal Attachments as Afundamental Human Motivation [J]. Psychological Bulletin, 1995, 117(3).

④ Trenor, J. M., et al. The Relations of Ethnicity to Female Engineering Students' Educational Experiences and College Andcareer Plans in An Ethnically Diverse Learning Environment [J]. Journal of Engineering Education, 2008, 97(4).

⑤ Freeman, T. M., et al. Sense of Belonging in College Freshmen at the Classroom and Campus Level [J]. The Journal of Experimental Education, 2007, 75(3).

⑥ Marra, R. M., et al. Leaving Engineering: A Multi-year Single Institution Study [J]. Journal of Engineering Education, 2012, 101(1).

⑦ Wao, Ho. O., et al. Climate for Retention to Graduation: A Mixed Methods Investigation of Student Perceptions of Engineering Departments and Programs [J]. Journal of Women and Minorities in Science and Engineering, 2010, 16(4).

第三节　本书的分析框架

就工科学生而言，他们既是普通的在校大学生，同时又具有工程师的职业定向，其在大学期间的学习和训练与未来的工程师职业密切相关。因此，工科学生对工程师职业的认同感可能会对其大学的学习过程产生重要影响。目前，有关工程师职业认同、学习动机和学业成就之间关系的综合考查并不多见。工科生所具有的特殊双重身份可能会引发职业与学业之间的相互影响。正如克莱因（Klein）等人的研究结论[①]，在学习模式和目标定向对学业成就的影响上，学习动机起了部分中介的作用。工科生对工程师职业的目标定向及由此形成的工程师职业认同感对学习动机和学业成就可能具有直接的影响作用，同时还可能通过学习动机的中介作用对学业成就产生间接影响。笔者本着“以学生为中心”的理念，希望在单纯的大学课堂环境中，从一线教师教学的角度建立起一个完整的研究框架。

在大学课堂的环境中，学生学习投入是动机和主动学习协同交互作用的经历连续体，是一个过程[②]。研究者们探寻学生学习经历的各种因素本身以及报告这些因素的状况不是最终的目的，工程教育者通过对各种因素的了解，最终希望提高学生的学习投入。正如帕斯卡雷拉和特瑞兹尼指出，也许越有力的总结越不出奇。简而言之，学生在大学学术工作或者经历中的参与度和投入度越

① Klein, H. J., et al. Motivation to Learn and Course Outcomes: The Impact of Delivery Mode Learning Goal Orientation and Perceived Barriers and Enables[J]. Personnel Psychology, 2006, 59.

② （美）巴克利. 双螺旋教学策略：激发学习动机和主动性[M]. 古煜奎，等译. 广州：华南理工大学出版社，2014：4-7.

高，学生的知识领悟层次就越高，普遍认知能力就越强[①]。尽管教师良好的课堂教育活动能够促进学生基本的投入，但是这不是终点，教师（或者进一步说教育）希望通过这种教育体验使得学生得以成长，在智商和情商方面继续发展成熟，成为对未来社会发展有益的人。

对工程教育来说，工程师的核心要素是要运用所学的数学和自然科学（物理、化学、生物等）知识，设计、建造、运营人工制品。工程教育正是基于这样的认识来组织培养活动。学校教育的经历将会影响到学生，同时职业认同对个体的所学和所为有着深刻的影响，学生正是通过相关工程课程获得感知与经历，在这一过程中学生工程专业相关专业行为和信念逐渐形成。

最终，本书整合基于社会认知理论构建的MUSIC模型和基于社会文化理论构建的工程职业认同模型，这两个变量在工科学生的课堂教学培养过程中发生作用，对学生的职业成长产生影响。工科新生课程学习过程受到的两个模型的双重影响和学习产出构成了本书的总体框架。工科新生的学习动机与成长是一个非常复杂的问题，本书并不试图直接对这一部分进行研究，而是通过考虑一端的外部输入以及另一端的学生产出行为来进行研究。也就是不直接对学习动机理论本身进行研究，而是利用教育心理学的学习动机、职业认同等理论，来研究大一阶段工科学生在工程课程学习过程中，外部教师教学行为对学生成长的影响，包括学习效果以及未来专业和职业选择意愿。见图 3-4。

---

① Pascarella, E.T., Terenzizi, P, T. How College Affects Students: Findings and Insights from Twenty Years of Research[M]. San Francisco: Jossey-Bass, 1991.

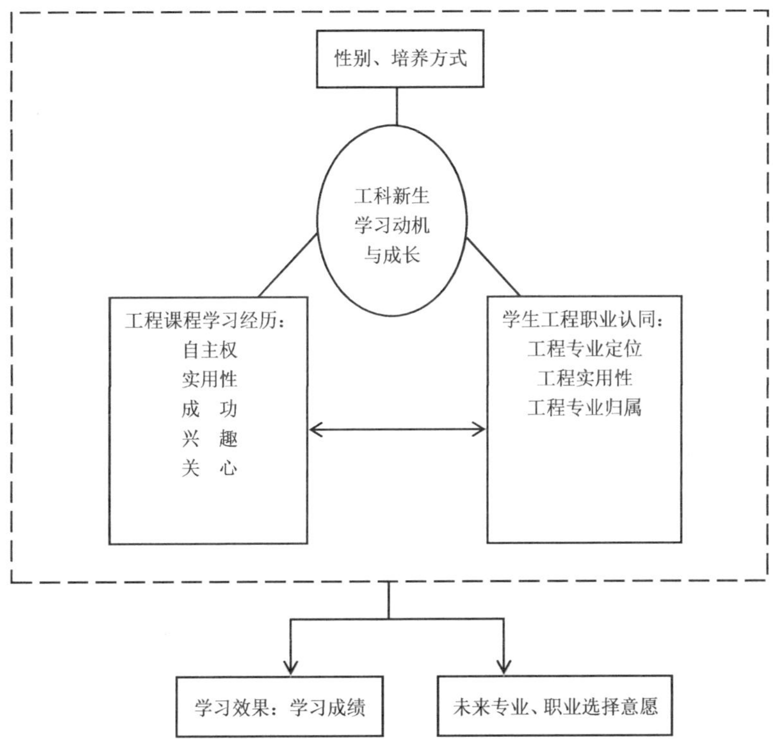

图 3-4　工科新生培养成长关系

第四章　工科新生专业成长内生动力调查研究过程

第一节　研究设计

一、研究假设

基于研究问题，提出具体的研究假设，数据分析按照这四个假设依次进行：

H1：MUSIC模型中的5个维度（自主权、实用性、成功、兴趣、关心）与工程职业认同模型中的3个维度（工程专业定位、工程专业归属、工程实用性）之间分别存在显著的相关关系；

H2：MUSIC模型中的5个维度能够显著影响工科新生的课程成绩，并且工程职业认同模型中的3个维度能够显著影响工科新生的课程成绩；

H3：MUSIC模型中的5个维度能够显著影响工科新生留在本专业的意愿，并且工程职业认同模型中的3个维度能够显著影响工科新生留在本专业的意愿；

H4：MUSIC模型中的5个维度能够显著影响工科新生未来成为工程师的意愿，并且工程职业认同模型中的3个维度能够显著影响工科新生未来成为工程师的意愿。

另外，本书增加了性别、培养方式等维度，这两部分的数据分析和假设也是按照上面的假设顺序进行，并在最后比较了结果的差异。

二、研究准备

时间：实地调研了某级工科新生工程基础课程学习经历与工程职业认同之间的关系，研究结论基于这一时间点的观察，所以这一研究结论只适用于某一时段，为了使研究结论更加可靠，还需要一些其他资料的检验佐证。

研究对象与抽样方法：本书定位于工科新生群体，采集信息单位是大一工科生个体，这也是社会学研究通常的做法，通过收集个体的一些特征，来描绘由个体组成的整体的形象。研究中采取的是简单随机抽样，调查的高校是就近在读的高校，具体调查样本则采取随机抽样，不重复抽样，直接抽选法，即从总体中直接随机抽选样本，从该校某级工科新生中随机调查。本书选取的研究对象是在一个工科特色非常明显的，进入“985 工程”和“211 工程”的大学中的工科新生群体，研究结果对同一类型大学中的工程人才培养具有借鉴意义。个案研究可以被描述为一种深度研究或是对一个事件、一个人、一个小组、一个活动或一个群落等一类现象的单个实例的独特解释。基于不同研究问题的性质，研究者可以用不同的策略选择个案。个案研究作为一种研究方法经常被批判其假设的局限性，但是弗拉维伯格（Flyvbjerg）认为这些批评是对个案研究方法的误解①。个案研究特别适合把新的知

① Flyvbjerg, B. Making Social Science Matter: Why Social Inquiry Fails and How It Can Succeed Again [M].Cambridge, UK: Cambridge University Press, 2001: 221.

识具体应用到有关的研究问题中，并提出措施，以改善或提升教学。这里的新知识要考虑到特定的机构和资源、教师和学生以及其整体文化特质①。而且有时候选取典型案例的研究，也会产生有一定推论性的结论（如费孝通的《乡土中国》仅是对江南一个村落的考察，得到的结论却非常有价值）。因此，本书虽然只选择了一所国内的研究型大学的工科新生进行研究，但是研究主要关注点之一是学生的工程课程学习，在当前中国工程教育课程体系相对单一的情况下，得到的结论也会很有价值。

三、问卷编制

研究问卷的形成可以采取许多方式。一是研究者可以自己开发一个问卷，这种方式优点是可以与研究主题非常切合，解决一些新的问题，但是同样会对研究者编制问卷的能力以及问卷的效度和信度提出较高要求。这往往会耗费研究者相当长的时间和精力，通过多次不同调查来验证问卷。二是研究者使用已经相对成熟的量表。这样问卷的效度和信度自然可以有一定保证，但是研究的主题会受到限制，创新性会略显不足。三是研究者采取综合的方式，从已有研究采用的调查量表中抽取部分维度或者变量，组合形成为自己的研究服务的问卷量表，这样既会对问卷的信度、效度有所帮助，同时可以与研究问题相切合。本书采取了第三种方式，在已有研究的基础上，形成了本书的调查问卷。

问卷的主体构成依据所要研究的问题分为四个部分，具体量表见附录。

---

① Eysenck, H. J. Introduction. In H. J. Eysenck (Ed.), Case Studies in Behavior Therapy [M]. London, UK: Routledge, 1976: 9.

首先，问卷的第一部分是关于研究个体的基本信息情况的调查表，包括家庭所在地（大城市、中小城市、县镇、农村地区），年龄信息，入学方式（全国高考、自主招生），就读专业，以及对专业的满意情况（分为 1.满意，2.比较满意，3.一般，4.不太满意，5.不满意）等基本背景信息的内容。

其次，问卷的第二和第三部分根据研究的内容，主要是工程课程中影响学生学习动机的教学因素以及学生在学习一年后形成的工程职业认同情况。

问卷的第二部分第一个变量是影响学生课堂学习经历感知的教学因素问题，分为五个维度，每个维度的测试问题来自不同研究，最后重新经过验证而整合成问卷的一个部分[①]。

威廉姆斯和德西（Williams and Deci）[②]开发了学习环境的问卷，用来检验自我决定理论在医科学生培养中的作用。本问卷从学习环境的问卷当中抽取部分问题，用于测量学生的自主权维度，共有五个问题。

赫拉尔门、都瑞克和施魏格特等（Hulleman, Durik, Schweigert, et al.）[③]综合分析了任务价值、成就目标和利益等变量，该研究中开发的测量工具题目被研究者使用来衡量学生认为课程在他们的生活和未来有用的程度，本书抽取了测量实用性这部分问题，共

---

① Jones, B. D., Skaggs, G. Validation of the MUSIC Model of Academic Motivation Inventory: A Measure of Students' Motivation in College Courses[A]. The International Conference on Motivation 2012. Frankfurt, Germany. 2012, August.

② Williams, G. C., Deci, E. L. Internalization of Biopsychosocial Values by Medical Students: A Test of Self-determination Theory[J]. Journal of Personality and Social Psychology, 1996(704).

③ Hulleman, C. S., et al. Task Values, Achievement Goals, and Interest: An Integrative Analysis[J]. Journal of Educational Psychology, 2008(1002).

有五个问题。

威廉姆斯、弗里德曼和德西（Williams, Freedman, Deci）[①]在自主激励如何支持糖尿病患者的血糖控制的研究中开发了感知能力量表，本书中利用这一量表来评估学生在一门课程中的竞争感受，测量学生对成功的感知，该部分有四个问题。

琼斯（Jones）[②]在研究面对面网络教学的效果中开发了对兴趣和利益价值的量表，研究中的这些问题也被其他研究者用来研究“内在的利益价值”和“兴趣”。本书抽取了测量兴趣部分，这一量表用来测量学生在课程中愉悦享受和感兴趣的程度，有六个问题。

约翰逊等（Johnson, et al.）[③]在社会依赖与课堂氛围的研究中开发了测量课堂生活的量表，本书抽取了其中关于测量关心的一个分量表，测量关心部分有六个问题，主要是看教师在学术方面对学生的支持程度。

问卷的第三部分，主要是测量学生的工程职业认同（包括工程专业定位、工程实用性、工程专业归属）的量表。

施梅德、梅杰和格拉佐（Schmader, Major, Gramzow）[④]研究处理特殊学术领域的认知不公与心理脱离等问题，本书基于其研究

① Williams, G. C., et al. Supporting Autonomy to Motivate Glucose Control in Patients with Diabetes[J]. Diabetes Care, 1998, 21(10).

② Jones, B. D. An Examination of Motivation Model Components in Face-to-face and Online Instruction[J]. Electronic Journal of Research in Educational Psychology, 2010, 8(3).

③ Johnson, D. W., et al. Social Interdependence and Classroom Climate[J]. Journal of Psychology, 1983, 114(1).

④ Schmader, T., et al. Coping with Ethnic Stereotypes in the Academic Domain: Perceived Injustice and Psychological Disengagement[J]. Journal of Social Issues, 2001(571).

成果，用来测量工程专业定位，使用量表衡量一年级工科学生对工程价值中专业知识的认知程度问题，共有四个题目。

鲁特瑞尔、卡伦和艾伦等（Luttrell, Callen, Allen et al.）[①]的研究是探索基础教育中学生对数学实用性的价值问题。这一量表测量学生的认识着重放在哪些重要的领域，这一点非常重要，因为这将关系到他或她最终是否能完成各种短期或长期目标。在本书中所有的题目中用“工程”一词代替原题目中的“数学”一词，使得问题符合研究的主题，测量工程实用性使用了六个题目。

古德诺（Goodenow）[②]研究早期青少年的课堂归属感中动机与成就之间的关系，建立了学校成员心理意识量表，本书中抽出这一量表中的部分题目，用以测量工程专业归属，学生是否归属于他们大学的工程专业的认识情况，共有五个题目。

在调查结束后，笔者对这八个维度分别作了信度分析，并对由这些维度组成的变量也进行了信度分析，基本情况如下（见表4-1）：

① Luttrell, V. R., et al. The Mathematics Value Inventory for General Education Students: Development and Initial Validation[J]. Educational and Psychological Measurement, 2010(701).

② Goodenow, C. Classroom Belonging among Early Adolescent Students: Relationship to Motivation and Achievement[J]. Journal of Early Adolescence, 1993(131).

表 4-1 问卷信度检验结果

维度	题量	Cronbach's α
自主权	5 个问题	α=0.836
实用性	5 个问题	α=0.835
成 功	4 个问题	α=0.895
兴 趣	6 个问题	α=0.888
关 心	6 个问题	α=0.873
合 计	26 个问题	α=0.928
工程专业定位	4 个问题	α=0.865
工程实用性	6 个问题	α=0.821
工程专业归属	5 个问题	α=0.904
合 计	15 个问题	α=0.803

通过上表的结果，根据可信度高低与Cronbach's α系数之对照表来看（见表 4-2），本书中的信度系数α均大于 0.8，信度很高，比较理想。

表 4-2 可信度高低与 Cronbach's α 系数对照表

Cronbach's α 系数	层面（可信度）	正规量表
Cronbach's α 系数＜0.5	不理想，舍弃不用	非常不理想，舍弃不用
0.5≤Cronbach's α 系数＜0.6	可以接受，增列题项或修改语句	不理想，重新编制或指定
0.6≤Cronbach's α 系数＜0.7	尚佳	勉强接受，最好增列题项或修改语句
0.7≤Cronbach's α 系数＜0.8	佳（信度高）	可以接受
0.8≤Cronbach's α 系数＜0.9	理想（甚佳，信度很高）	佳（信度高）
0.9≤Cronbach's α 系数	非常理想（信度非常好）	非常理想（甚佳，信度很高）

资料来源：吴明隆.SPSS操作与应用——问卷统计分析实务[M].台中：五南图书出版公司，2008：347.

通常一个问卷的效度通过三种方式来检验。一是基于内容的证据，研究测验结构，审查测验内容，判断测验的内容是否能充分反映其结构。这通常由专家来实施。二是基于内部结构的证据，第一运用因素分析法来确定测验所包含的维度与构造；第二检验题项的同质性，计算题项与测验总体相关性，也可以计算 α 系数。三是基于与其他变量关系的证据。将测验分数与另一已知的校标进行比较。这个已知的校标可以通过收集同时效度证据或预测效度证据而得到。将测验分数与相同结构的测验比较将得到聚合效度证据，与不同结构的测验比较将得到区分效度证据[①]。本书中主要采取了前两种方式进行了检验，一是问卷完成后请专家进行了审阅，二是采取了因子分析的方式。此外由于本书的问卷是在已有研究中使用过的问卷基础上，修改部分词句以适合本书的内容，重新组合后得到的，所以问卷的效度也有一定保证。

本书对问卷的效度通过使用SPSS 21.0 软件，对两个变量进行因子分析，结果显示具有显著性，且KMO值都大于 0.7，说明问卷的结构效度良好（见表 4-3）。

表 4-3　两个变量的 KMO 和 Bartlett 的检验结果

MUSIC变量	取样足够度的 Kaiser-Meyer-Olkin度量	Bartlett 的球形度检验		
		近似卡方	df	Sig.
	0.911	7126.173	325	0

工程职业认同变量	取样足够度的 Kaiser-Meyer-Olkin度量	Bartlett 的球形度检验		
		近似卡方	df	Sig.
	0.856	3525.816	45	0

① （美）伯克·约翰逊，拉里·克里斯滕森. 教育研究：定量、定性和混合方法（第 4 版）[M]. 马健生，等译. 重庆：重庆大学出版社，2015：133-134.

最后，有三个问题：测量学生课程成绩设置了一个问题，“你预计工程基础课程的最终成绩在班级排名情况？”学生选择分为十个区段，从前10%到90%—100%。测量学生留在工程专业的意愿设置了一个问题，“你转到非工程专业的可能性有多大？”学生的选择分为六个选项，从6=“目前为止，我还没有考虑要转到非工程的专业”到1=“我已经转到[或者计划转到]非工程专业”。测量学生追求工程职业生涯的意愿设置了一个问题，“你最终的职业与工程直接相关的可能性有多大？”学生的选择分为六个选项，从6=“我现在就能确定我的职业将与工程直接相关”到1=“我现在就能确定我的职业将与工程无直接关系”。

第二节　调研过程

一、数据的收集

本次调研的时间是在2015年5月初到6月中旬。这一时间段正是大一新生基本上完成第一学年的课程，准备期末考试前，调研既会对整个学年的学习情况有一个了解，同时不干扰其准备期末考试，对问卷的有效回收有帮助。实地问卷调研分为两个阶段，第一阶段采取了试调研，共调查样本38个，之后针对问卷中的一些表述进行了修改，使得被调查对象理解上更加准确、容易。第二个阶段，为保证调查样本的全面性，调查了11所工科学院的大一新生（该大学某级工科新生共计2056人），预计发放问卷580份，实际发放614份，有效问卷479份，样本量约占大一工科新生的23.3%。

二、调查样本情况

本书调查了B大学工程专业的第一学年的新生，该研究中的大学为公立大学，是“985”和“211”工程建设大学，“2011”计划入选高校。问卷发放614份，实际回收534份，有效问卷479份，无效问卷55份，有效率为89.7%，可用于目前的研究中并进行分析数据（详细问卷发放情况请参看附录）。本调查中，共有调查样本学生N =479人，其中女性81名，男性387名，参与了这项研究（缺失值为11位）。本次调查中几项数据显示本调查的样本与已有的一些宏观统计相吻合，调查拥有一定的效度。下面将把样本的基本情况进行描述。本书数据分析工具为SPSS21.0中文版软件系统。

（一）调查样本的性别情况

无论中外，由于工科院校的性质，男性一直是该专业的主力军，在本次调查中，样本也非常明显地呈现这样的情况，男女的比例约为4 ： 1（见表4-4）。

表4-4　调查样本性别统计量

		频次	百分比	有效百分比	累积百分比
有效	男	387	80.8	82.7	82.7
	女	81	16.9	17.3	100.0
	合计	468	97.7	100.0	
缺失	系统	11	2.3		
合计		479	100.0		

（二）调查样本年龄的分布情况

按照目前我们国家的义务教育入学年龄（6 岁进入小学），加上 12 年的大学前教育，某级大一新生的出生时间段应该是 1995 年 9 月 1 日到 1996 年 8 月 31 日。本次调查的数据显示，87%的学生在这一区间。约有 10%的学生是 1997 年出生，虽然不符合规定，但是符合现实情况（主要是国内各种年龄的限制，导致家长让自己的子女提前进入学校教育，获得年龄优势）。（见表 4-5）

表 4-5　调查样本出生年份统计量

		频次	百分比	有效百分比	累积百分比
有效	1992	2	0.4	0.4	0.4
	1994	11	2.3	2.4	2.9
	1995	147	30.7	32.7	35.6
	1996	244	50.9	54.3	90.0
	1997	44	9.2	9.8	99.8
	1998	1	0.2	0.2	100.0
	合计	449	93.7	100.0	
缺失	系统	30	6.3		
合计		479	100.0		

（三）调查样本家庭所在地分布情况

调查样本的工科新生在大城市，中小城市和县镇地区的分布比较均匀，三个地区加起来所占比重超过 80%。来自农村地区的数量相对较少（见表 4-6）。这符合当前我国重点研究大学中，城市农村学生来源结构的现状。

表 4-6 调查样本家庭所在地统计量

		频次	百分比	有效百分比	累积百分比
有效	大城市	126	26.3	28.8	28.8
	中小城市	119	24.8	27.2	56.1
	县镇地区	114	23.8	26.1	82.2
	农村地区	78	16.3	17.8	100.0
	合计	437	91.2	100.0	
缺失	系统	42	8.8		
合计		479	100.0		

（四）调查样本入学方式情况

本次调查的样本中，约 95% 的学生是通过参加中国普通高等学校招生全国统一考试进入大学的，另有约 5% 的学生是通过自主招生考试进入大学的（见表 4-7）。目前我国高等教育招生考试的情况是只有 53 所学校有 5% 自主招生额，调查样本符合目前我国学生进入高等教育的主要路径和现状。

表 4-7 调查样本入学方式统计量

		频次	百分比	有效百分比	累积百分比
有效	全国高考	422	88.1	95.0	95.0
	自主招生	22	4.6	5.0	100.0
	合计	444	92.7	100.0	
缺失	系统	35	7.3		
合计		479	100.0		

（五）调查样本就读学院的分布情况

B大学是传统的工科学校，为了保证样本的全面性，对开设工程专业的学院进行了抽样调查。其中拔尖创新班因为大一学生人数较少，所以全部进行了调查。读者会发现其中并未包括计算机和软件的相关专业，因为其部分专业虽然名称中有工程的字样，但是本书比较赞同《像工程师那样思考》一书中的观点，由于其专业知识中并不是以数学、科学和工程技能为基础，所以不同于传统的工程专业[①]。具体调查样本数量情况（见表4-8）。

表4-8　调查样本就读学院统计量

		频次	百分比	有效百分比	累积百分比
有效	材料科学与工程学院	50	10.4	10.4	10.4
	电子信息工程学院	51	10.6	10.6	21.1
	电气工程及自动化学院	50	10.4	10.4	31.5
	能源与动力工程学院	52	10.9	10.9	42.4
	航空科学与工程学院	46	9.6	9.6	52.0
	机械工程与自动化学院	48	10.0	10.0	62.0
	交通科学与工程学院	22	4.6	4.6	66.6
	宇航学院	56	11.7	11.7	78.3
	仪器科学与光电工程学院	32	6.7	6.7	85.0
	可靠性与系统工程学院	27	5.6	5.6	90.6
	高等工程学院	45	9.4	9.4	100.0
	合计	479	100.0	100.0	

① 戴维斯．像工程师那样思考[M].丛杭青，等译．杭州：浙江大学出版社，2014：56-68.

（六）调查样本专业满意度情况

本调查结果显示，被调查者对所就读的专业满意的约占 24%，比较满意的约占 47%，合计超过 70% 的学生对专业是比较认可的。整体不满意的比例比较低。满意程度一般的比例比较高，约占 24%。（见表 4-9）

表 4-9　调查样本专业满意统计量

		频次	百分比	有效百分比	累积百分比
有效	满意	113	23.6	24.0	24.0
	比较满意	224	46.8	47.6	71.5
	一般	115	24.0	24.4	96.0
	不太满意	10	2.1	2.1	98.1
	不满意	9	1.9	1.9	100.0
	合计	471	98.3	100.0	
缺失	系统	8	1.7		
合计		479	100.0		

本书还对基本信息中的五个维度之间进行了双变量相关分析，得到以下的相关性矩阵。我们可以得到一些有趣的发现，比如，专业满意程度并没有与入学方式相关，工学内部不同专业与性别之间在 0.01 水平上存在显著相关，学生家庭所在地与专业满意度、就读的学院（专业）在 0.05 水平上存在显著相关（见表 4-10）。

表 4-10　基本信息变量相关性矩阵表

	专业满意	性别	家庭所在地	入学方式	就读学院
专业满意	1				
性　别	0.007	1			
家庭所在地	0.092*	-0.090*	1		
入学方式	-0.074	0.029	-0.024	1	
就读学院	0.003	0.193**	-0.086*	-0.029	1

*. 在 0.05 水平（单侧）上显著相关。

**. 在 0.01 水平（单侧）上显著相关。

第五章　工科新生专业成长内生动力研究结果与讨论

本章将进行数据的分析，在常规数据筛选和假设检验之后，验证探索一系列方程模型，每个模型回答一个不同的问题或检验不同的结果。下面的数据分析采取相关分析和多元回归分析的方法，所有模型均使用最大似然估计。解释型回归分析的目的在于检验各自变量对于因变量的解释力，因此采取进入法来进行回归模型的检验[①]。本书中不再逐项报告模型汇总表中R值，因为对于R值可接受标准，在社会科学中目前没有统一定论。一般认为，依据学者科恩[②]的观点：0.1 为小的效果量，0.3 为中度效果量，0.5 为大的效果量。此外本书也不再逐项报告Durbin-Watson值（$0 \leqslant DW \leqslant 4$），理论上在1.5—2.5可接受，越接近2越理想，本书中有效结果均在该范围内。

---

① 本书多元回归分析中全部采取输入的方法，为了简明，均不再显示该方法数据表。

② Cohen, J. Statistical Power Analysis for the Behavioral Sciences [M]. 2nd ed. Hillsdale, NJ: Lawrence Erlbaum, 1988.

第一节 工科新生专业成长内生动力研究结果

一、整体数据分析

（一）两个变量内部维度之间的相关关系

本书测试的第一个目标是测试模型中是否支持第一组关系：该模型中学生工程基础课程学习中，影响学习动机的五个因素在何种程度上会影响大一工科新生的工程职业认同（工程专业定位、工程实用性、工程专业归属）。即影响学生工程课程中感知的MUSIC模型中的维度与工程职业认同中的维度是否存在相关关系。

通过估算模型，将所有MUSIC变量中的维度与工程职业认同变量中的维度同时联系起来。正如工程职业认同变量一样，所有MUSIC变量都可以共变。表5-1呈现了MUSIC变量中的维度与工程职业认同变量中的维度的相关性的全矩阵。值得注意的是，表只是体现了整个（复杂）模型的部分内容。无论是否在特定图表中呈现出来，都体现了所有其他变量的控制模型中的特定关系。

表5-1 MUSIC变量和工程职业认同变量之间的内部相关关系

	自主权	实用性	成功	兴趣	关心	工程专业定位	工程实用性	工程专业归属
自主权	1							
实用性	0.455**	1						
成　功	0.479**	0.574**	1					
兴　趣	0.409**	0.506**	0.491**	1				
关　心	0.348**	0.632**	0.486**	0.401**	1			

续表

	自主权	实用性	成功	兴趣	关心	工程专业定位	工程实用性	工程专业归属
工程专业定位	0.233**	0.550**	0.476**	0.455**	0.464**	1		
工程实用性	-0.045	-0.184**	-0.131**	0.059	-0.135**	-0.235**	1	
工程专业归属	0.314**	0.520**	0.531**	0.552**	0.388**	0.614**	-0.086*	1

**. 在 0.01 水平（单侧）上显著相关。

*. 在 0.05 水平（单侧）上显著相关。

学生课堂教学中感受到的MUSIC变量与工程专业定位的关系。正如预期一样，表 5-1 显示所有MUSIC变量与工程专业定位呈现显著相关性（$p < 0.01$）。换言之，学生拥有权利感，相信课程学习是有价值的，相信他们能成功，对课程材料感兴趣，感到被关爱，他们就会有更强烈的工程专业定位。

学生课堂教学中感受到的MUSIC变量与工程实用性的关系。如表 5-1 所示，MUSIC变量不太可能完全影响工程实用。工程实用性与自主权和兴趣两个维度不存在显著相关。实用性、成功、关心与工程实用有积极的相关性（$p < 0.01$）。

学生课堂教学中感受到的MUSIC变量与工程专业归属的关系。如表 5-1 所示，所有MUSIC变量与工程专业归属有着强烈并且显著的相关性（$p < 0.01$）。

（二）两个变量各自对工科新生课程成绩的影响

最终的课程成绩排名对学生来说是至关重要的成果。这里进一步研究，该模型中MUSIC变量和工程职业认同（工程专业定位、工程实用性、工程专业归属）在何种程度上影响学生的课程成绩。如前所述，所有的工程职业认同变量中的维度以及先前模型中所有的关系都保留的话，所有MUSIC变量允许共变。SPSS软件处理具体结果如下：

表 5-2　MUSIC 变量对工科新生课程成绩的影响

描述性统计量

统计量	均值	标准偏差	*N*
成绩等级	4.989	2.2910	479
自主权	3.6966	1.04316	479
实用性	4.2092	0.94343	479
成　功	4.1105	1.01818	479
兴　趣	3.5095	1.00401	479
关　心	4.5215	0.90364	479

模型汇总[b]

模型	R	R方	调整R方	标准估计的误差	更改统计量					Durbin-Watson
					R方更改	F更改	df1	df2	Sig. F更改	
1	**0.182**[a]	0.033	0.023	2.2646	0.033	3.245	5	473	0.007	**1.953**

a. 预测变量：常量、关心、自主权、兴趣、成功、实用性

b. 因变量：影响成绩等级

ANOVA[a]

模型		平方和	df	均方	F	Sig.
1	回归	83.213	**5**	16.643	**3.245**	**0.007**[b]
	残差	2425.731	**473**	5.128		
	总计	2508.944	478			

a. 因变量：成绩等级

b. 预测变量：常量、关心、自主权、兴趣、成功、实用性

系数[a]

模型		非标准化系数		标准系数	t	Sig.	相关性			共线性统计量	
		B	标准误差	试用版			零阶	偏	部分	容差	VIF
1	常量	6.226	0.587		10.601	0.000					
	自主权	-0.197	0.118	**-0.090**	**-1.667**	**0.096**	-0.121	-0.076	-0.075	0.703	1.422
	实用性	0.115	0.161	**0.048**	**0.716**	**0.474**	-0.054	0.033	0.032	0.464	2.157
	成功	-0.394	0.135	**-0.175**	**-2.907**	**0.004**	-0.153	-0.132	-0.131	0.564	1.774
	兴趣	0.170	0.127	**0.074**	**1.341**	**0.181**	-0.023	0.062	0.061	0.663	1.509
	关心	0.006	0.151	**0.003**	**0.042**	**0.966**	-0.054	0.002	0.002	0.574	1.741

a. 因变量：成绩等级

结果分析：模型检验结果指出回归效果达到显著水平[F（5，473）=3.245，p=0.007 < 0.05]，具有统计学上的意义，说明建立的模型有较强的影响能力。

进一步对于个别自变量进行检验，系数估计的结果指出，成功维度具有一定解释力（标准化回归系数=0.175）。其中t检验结果指出具备统计意义（t=-2.907，p=0.004）。

表 5-3　工程职业认同对工科新生课程成绩的影响

描述性统计量

	均值	标准偏差	*N*
成绩等级	4.989	2.2910	479
工程专业定位	4.3438	1.02542	479
工程实用性	2.4900	0.93872	479
工程专业归属	4.0598	1.05408	479

模型汇总[b]

模型	R	R方	调整R方	标准估计的误差	更改统计量					Durbin-Watson
					R方更改	F更改	df1	df2	Sig. F更改	
1	**0.302**[a]	0.091	0.084	2.1929	0.091	11.930	3	474	0.000	**1.941**

a. 预测变量：常量、工程实用性、工程专业定位、工程专业归属

b. 因变量：成绩等级

ANOVA[a]

模型		平方和	df	均方	F	Sig.
1	回归	229.477	**3**	57.369	**11.930**	**0.000**[b]
	残差	2279.467	**474**	4.809		
	总计	2508.944	478			

a. 因变量：成绩等级

b. 预测变量：常量、工程实用性、工程专业定位、工程专业归属

系数[a]

模型		非标准化系数		标准系数	t	Sig.	相关性			共线性统计量	
		B	标准误差	试用版			零阶	偏	部分	容差	VIF
1	常量	7.045	0.651		10.817	0.000					
	工程专业定位	0.057	0.128	**0.026**	**0.444**	**0.657**	-0.069	0.020	0.019	0.581	1.721
	工程实用性	0.198	0.110	**0.081**	**1.795**	**0.073**	0.075	0.082	0.079	0.937	1.068
	工程专业归属	0.112	0.125	**0.052**	**0.894**	**0.372**	-0.070	0.041	0.039	0.577	1.734

a. 因变量：成绩等级

结果分析：模型检验结果指出回归效果达到显著水平[F（3，474）=11.930，p=0.000 < 0.05]，具有统计学上的意义，说明建立的模型有较强的影响能力。

进一步对于个别自变量进行检验，系数估计的结果指出，三个维度不具有解释力。其中t检验结果指出不具备统计意义。

基于上述的两项数据结果，我们可以看到模型的所有维度中，影响成绩等级的主要影响维度是成功。

（三）两个变量各自对工科新生选择工程专业意愿的影响

工程专业学生的保留是一个重要的教育问题和政策问题。接下来研究将会检验MUSIC变量和工程职业认同变量是否能影响工程专业学生留在本专业的意愿。SPSS软件处理结果如下：

表5-4　MUSIC变量对工科新生是否离开工程专业意愿的影响

描述性统计量

	均值	标准偏差	*N*
是否离开工程专业	4.840	1.6126	479
自主权	3.6966	1.04316	479
实用性	4.2092	0.94343	479
成　功	4.1105	1.01818	479
兴　趣	3.5095	1.00401	479
关　心	4.5215	0.90364	479

模型汇总[b]

模型	R	R方	调整R方	标准估计的误差	更改统计量					Durbin-Watson
					R方更改	F更改	df1	df2	Sig. F更改	
1	**0.220**[a]	0.048	0.038	1.5815	0.048	4.800	5	473	0.000	**1.951**

a. 预测变量：常量、关心、自主权、兴趣、成功、实用性

b. 因变量：是否离开工程专业

ANOVA[a]

模型		平方和	df	均方	F	Sig.
1	回归	60.030	**5**	12.006	**4.800**	**0.000**[b]
	残差	1182.976	**473**	2.501		
	总计	1243.006	478			

a. 因变量：是否离开工程专业

b. 预测变量：常量、关心、自主权、兴趣、成功、实用性

系数[a]

模型		非标准化系数		标准系数	t	Sig.	相关性			共线性统计量	
		B	标准误差	试用版			零阶	偏	部分	容差	VIF
1	常量	3.016	0.410		7.354	0.000					
	自主权	-0.068	0.083	**-0.044**	**-0.827**	**0.409**	0.079	-0.038	-0.037	0.703	1.422
	实用性	0.166	0.113	**0.097**	**1.474**	**0.141**	0.192	0.068	0.066	0.464	2.157
	成功	0.127	0.095	**0.080**	**1.345**	**0.179**	0.170	0.062	0.060	0.564	1.774
	兴趣	0.035	0.088	**0.022**	**0.400**	**0.690**	0.129	0.018	0.018	0.663	1.509
	关心	0.162	0.106	**0.091**	**1.530**	**0.127**	0.184	0.070	0.069	0.574	1.741

a. 因变量：是否离开工程专业

结果分析：模型检验结果指出回归效果达到显著水平[F（5，473）=4.800，p=0.000 ＜ 0.05]，具有统计学上的意义，说明建立的模型有较强的影响能力。

进一步对个别自变量进行检验，系数估计的结果出乎意料，MUSIC的变量不能解释学生是否离开工程专业的意愿。各维度得到的标准化回归系数值不大，而且其中t检验结果指出不具备统计意义。

表 5-5　工程职业认同对工科新生是否离开工程专业意愿的影响

描述性统计量

	均值	标准偏差	*N*
是否离开工程专业	4.840	1.6126	479
工程专业定位	4.3438	1.02542	479
工程实用性	2.4900	0.93872	479
工程专业归属	4.0598	1.05408	479

模型汇总[b]

模型	R	R方	调整R方	标准估计的误差	更改统计量					Durbin-Watson
					R方更改	F更改	df1	df2	Sig. F更改	
1	**0.271**[a]	0.073	0.065	1.5590	0.073	9.362	3	474	0.000	**2.001**

a. 预测变量：常量、工程实用性、工程专业定位、工程专业归属

b. 因变量：是否离开工程专业

ANOVA[a]

模型		平方和	df	均方	F	Sig.
1	回归	91.013	**3**	22.753	**9.362**	**0.000**[b]
	残差	1151.994	**474**	2.430		
	总计	1243.006	478			

a. 因变量：是否离开工程专业

b. 预测变量：常量、工程实用性、工程专业定位、工程专业归属

系数[a]

模型		非标准化系数		标准系数	t	Sig.	相关性			共线性统计量	
		B	标准误差	试用版			零阶	偏	部分	容差	VIF
1	常量	2.627	0.463		5.674	0.000					
	工程专业定位	0.264	0.091	**0.168**	**2.894**	**0.004**	0.243	0.132	0.128	0.581	1.721
	工程实用性	-0.024	0.078	**-0.014**	**-0.305**	**0.761**	-0.060	-0.014	-0.013	0.937	1.068
	工程专业归属	0.089	0.089	**0.058**	**1.000**	**0.318**	0.206	0.046	0.044	0.577	1.734

a. 因变量：是否离开工程专业

结果分析：模型检验结果指出回归效果达到显著水平[F（3，474）=9.362，p=0.000 ＜ 0.05]，具有统计学上的意义，说明建立的模型有较强的影响能力。

进一步对个别自变量进行检验，系数估计的结果指出，工程专业定位具有一定解释力（标准化回归系数=0.168）。其中t检验结果指出具备统计意义，工程专业定位维度（t=2.894，p=0.004）。

通过上述模型检验，与工程职业认同中的其他所有维度相比，工程专业定位最能影响留在工程专业的意向（值得注意的是，这不是真实的选择留在工程专业的数据，而是学生自述的意向）。

（四）两个变量各自对工科新生选择工程师职业意愿的影响

工程专业的学生毕业后最终是否会成为一名工程师直接关系工程教育是否能够成功地为国家工程相关事业的发展提供人力资源。接下来研究检验MUSIC变量和工程职业认同变量是否能影响工程专业学生未来成为工程师。SPSS软件处理具体结果如下：

表 5-6　MUSIC 变量对工科新生是否寻求工程师职业意愿的影响

描述性统计量

	均值	标准偏差	N
是否离开工程职业	4.066	1.2864	479
自主权	3.6966	1.04316	479
实用性	4.2092	0.94343	479
成　功	4.1105	1.01818	479
兴　趣	3.5095	1.00401	479
关　心	4.5215	0.90364	479

模型汇总 [b]

模型	R	R方	调整R方	标准估计的误差	更改统计量					Durbin-Watson
					R方更改	F更改	df1	df2	Sig. F更改	
1	**0.317** [a]	0.101	0.091	1.2264	0.101	10.576	5	473	0.000	**1.951**

a. 预测变量：常量、关心、自主权、兴趣、成功、实用性

b. 因变量：是否离开工程职业

ANOVA[a]

模型		平方和	df	均方	F	Sig.
1	回归	79.533	**5**	15.907	**10.576**	**0.000**[b]
	残差	711.418	**473**	1.504		
	总计	790.951	478			

a. 因变量：是否离开工程职业

b. 预测变量：常量、关心、自主权、兴趣、成功、实用性

系数[a]

模型		非标准化系数		标准系数	t	Sig.	相关性			共线性统计量	
		B	标准误差	试用版			零阶	偏	部分	容差	VIF
1	常量	2.168	0.318		6.817	0.000					
	自主权	-0.133	0.064	**-0.108**	**-2.078**	**0.038**	0.077	-0.095	-0.091	0.703	1.422
	实用性	0.305	0.087	**0.224**	**3.491**	**0.001**	0.292	0.158	0.152	0.464	2.157
	成功	0.092	0.073	**0.073**	**1.253**	**0.211**	0.213	0.058	0.055	0.564	1.774
	兴趣	0.074	0.069	**0.057**	**1.071**	**0.285**	0.191	0.049	0.047	0.663	1.509
	关心	0.104	0.082	**0.073**	**1.273**	**0.204**	0.235	0.058	0.056	0.574	1.741

a. 因变量：是否离开工程职业

结果分析：模型检验结果指出回归效果达到显著水平[F（5，473）=10.576，p=0.000 ＜ 0.05]，具有统计学上的意义，说明建立的模型有较强的影响能力。

进一步对个别自变量进行检验，系数估计的结果指出，实用性具有较好解释力（标准化回归系数=0.224），其次较弱的是自主权维度（标准化回归系数=-0.108）。其中t检验结果指出具备统

计意义，实用性维度（t=3.491，p=0.001）自主权维度（t=-2.078，p=0.038）。

表 5-7　工程职业认同对工科新生是否寻求工程师职业意愿的影响

描述性统计量

	均值	标准偏差	*N*
是否离开工程职业	4.066	1.2864	479
工程专业定位	4.3438	1.02542	479
工程实用性	2.4900	0.93872	479
工程专业归属	4.0598	1.05408	479

模型汇总 [b]

模型	R	R方	调整R方	标准估计的误差	更改统计量					Durbin-Watson
					R方更改	F更改	df1	df2	Sig. F更改	
1	**0.452**[a]	0.205	0.198	1.1521	0.205	30.467	3	474	0.000	**2.037**

a. 预测变量：常量、工程实用性、工程专业定位、工程专业归属

b. 因变量：是否离开工程职业

ANOVA[a]

模型		平方和	df	均方	F	Sig.
1	回归	161.768	**3**	40.442	**30.467**	**0.000**[b]
	残差	629.183	**474**	1.327		
	总计	790.951	478			

a. 因变量：是否离开工程职业

b. 预测变量：常量、工程实用性、工程专业定位、工程专业归属

系数[a]

模型		非标准化系数		标准系数	t	Sig.	相关性			共线性统计量	
		B	标准误差	试用版			零阶	偏	部分	容差	VIF
1	常量	1.955	0.342		5.712	0.000					
	工程专业定位	0.068	0.067	**0.054**	**1.011**	**0.313**	0.322	0.046	0.041	0.581	1.721
	工程实用性	-0.180	0.058	**-0.131**	**-3.101**	**0.002**	-0.173	-0.141	-0.127	0.937	1.068
	工程专业归属	0.393	0.066	**0.322**	**5.969**	**0.000**	0.414	0.264	0.245	0.577	1.734

a. 因变量：是否离开工程职业

结果分析：模型检验结果指出回归效果达到显著水平[F（3，474）=30.467，p=0.000＜0.05]，具有统计学上的意义，说明建立的模型有较强的影响能力。

进一步对个别自变量进行检验，系数估计的结果指出，工程专业归属具有较强解释力（标准化回归系数=0.322），其次是具备工程实用性维度（标准化回归系数=-0.131）。其中t检验结果指出具备统计意义、工程专业归属维度（t=5.969，p=0.000）、工程实用性维度（t=-3.101，p=0.002）。

通过上述两项模型检验，工程实用性、工程专业归属与学生未来追求工程职业的意向具有较强的关系，其次较弱的是自主权、工程实用性。

二、工科新生不同性别之间的差异分析

由于工科学生群体性别比例的构成存在明显特征，正如在绪

论中提到的，在工程历史中，女工程师的数量相对来说较少，以性别的视角来了解目前工程教育中动机行为、成就和职业生涯规划等之间的相互作用是非常重要的。这样会改变我们对女性工程师学习经历的理解，有利于改革教学方式，更好地培养女性工程师。因此本书将进行性别维度下的检验，探寻男女工科新生在本书中会呈现怎样的差异。

（一）男女工科新生两个变量的相关关系

下面将会检验男女工科新生的工程课程感知的MUSIC模型中的维度与工程职业认同中的维度是否存在相关关系。

表 5-8　男学生 MUSIC 变量和工程职业认同之间的内部相关性 [a]

	自主权	实用性	成功	兴趣	关心	工程专业定位	工程实用性	工程专业归属
自主权	1							
实用性	0.474**	1						
成　功	0.493**	0.583**	1					
兴　趣	0.412**	0.513**	0.503**	1				
关　心	0.387**	0.647**	0.512**	0.378**	1			
工程专业定位	0.283**	0.571**	0.518**	0.483**	0.478**	1		
工程实用性	-0.087*	-0.197**	-0.152**	0.029	-0.153**	-0.288**	1	
工程专业归属	0.322**	0.546**	0.561**	0.560**	0.392**	0.648**	-0.139**	1

**. 在 0.01 水平（单侧）上显著相关。

*. 在 0.05 水平（单侧）上显著相关。

a. 性别 = 男

表 5-9　女学生 MUSIC 变量和工程职业认同之间的内部相关性 [a]

	自主权	实用性	成功	兴趣	关心	工程专业定位	工程实用性	工程专业归属
自主权	1							
实用性	0.291**	1						
成　功	0.423**	0.503**	1					
兴　趣	0.373**	0.430**	0.406**	1				
关　心	0.036	0.414**	0.296**	0.534**	1			
工程专业定位	-0.048	0.353**	0.158	0.291**	0.307**	1		
工程实用性	0.127	-0.283**	-0.124	0.080	-0.206*	-0.046	1	
工程专业归属	0.220*	0.293**	0.332**	0.473**	0.294**	0.386**	0.076	1

**. 在 0.01 水平（单侧）上显著相关。

*. 在 0.05 水平（单侧）上显著相关。

a. 性别 = 女

通过增加性别变量，可以看到学生课堂教学中感受到的MUSIC变量和工程职业认同产生了一些差异。对于男学生来说，除了工程实用性与兴趣无显著性，与自主权在 $p < 0.05$ 水平上显著相关，所有MUSIC变量与工程职业认同显著相关（$p < 0.01$）。对于女学生来说，所有MUSIC变量和工程专业归属具有显著相关（$p < 0.01$ 或 0.05），而工程专业定位与自主权、成功无显著相关，工程实用性与自主权、成功、兴趣无显著相关。可以说在同样的培养过程中，男女学生在同样的课堂教学中感受到MUSIC变量和工程职业认同变量之间的相关是有差异的。

（二）男女工科新生课程成绩的影响因素差异

下面检测不同性别的学生在课程学习中的感受到的MUSIC变量，影响男女学生的课程成绩的差异情况。

表 5-10　MUSIC 变量对男学生课程成绩的影响

描述性统计量[a]

	均值	标准偏差	*N*
成绩等级	5.051	2.2654	387
自主权	3.7216	1.02640	387
实用性	4.1811	0.96668	387
成　功	4.0982	1.02623	387
兴　趣	3.5016	1.02460	387
关　心	4.4947	0.92388	387

a. 仅选择那些性别 = 男 的案例

模型汇总[b，c]

模型	R		R方	调整R方	标准估计的误差	更改统计量					Durbin-Watson统计量	
	性别 = 男（已选择）	性别 ~= 男（已取消选择）				R方更改	F更改	df1	df2	Sig. F更改	性别 = 男（已选择）	性别 ~= 男（已取消选择）
1	**0.228**[a]	.	0.052	0.039	2.2204	0.052	4.162	5	381	0.001	**2.052**	1.836

a. 预测变量：常量、关心、兴趣、自主权、成功、实用性

b. 除非有其他说明，否则统计量仅基于那些性别 = 男的案例

c. 因变量：成绩等级

ANOVA[a, b]

模型		平方和	df	均方	F	Sig.
1	回归	102.592	**5**	20.518	**4.162**	**0.001**[c]
	残差	1878.408	**381**	4.930		
	总计	1981.001	386			

a. 因变量：成绩等级

b. 仅选择那些性别 = 男的案例

c. 预测变量：常量、关心、兴趣、自主权、成功、实用性

系数[a, b]

模型		非标准化系数		标准系数	t	Sig.	相关性			共线性统计量	
		B	标准误差	试用版			零阶	偏	部分	容差	VIF
1	常量	6.139	0.624		9.834	0.000					
	自主权	-0.345	0.133	**-0.156**	**-2.597**	**0.010**	-0.162	-0.132	-0.130	0.687	1.456
	实用性	-0.076	0.175	**-0.033**	**-0.437**	**0.663**	-0.076	-0.022	-0.022	0.447	2.235
	成功	-0.366	0.149	**-0.166**	**-2.451**	**0.015**	-0.147	-0.125	-0.122	0.545	1.835
	兴趣	0.333	0.136	**0.150**	**2.449**	**0.015**	0.015	0.124	0.122	0.660	1.516
	关心	0.189	0.165	**0.077**	**1.147**	**0.252**	-0.033	0.059	0.057	0.552	1.812

a. 因变量：成绩等级

b. 仅选择那些性别 = 男的案例

结果分析：模型检验结果指出回归效果达到显著水平[F（5，381）=4.162，p=0.001 ＜ 0.05]，具有统计学上的意义，说明建立的模型有较强的影响能力。

进一步对个别自变量进行检验，系数估计的结果指出，成功、自主权、兴趣三个维度具有一定解释力（标准化回归系数分

别=-0.166，-0.156，0.150）。其中t检验结果指出具备统计学上的意义，成功维度（t=-2.451，p=0.015），自主权维度（t=-2.597，p=0.010），兴趣维度（t=2.449，p=0.015）。

表 5-11　MUSIC 变量对女学生课程成绩等级的影响

描述性统计量[a]

	均值	标准偏差	N
成绩等级	4.740	2.4071	81
自主权	3.6370	1.07103	81
实用性	4.3397	0.75850	81
成　功	4.1821	0.94042	81
兴　趣	3.5119	0.90281	81
关　心	4.6852	0.70069	81

a. 仅选择那些性别 = 女的案例

模型汇总[b, c]

模型	R		R方	调整R方	标准估计的误差	更改统计量					Durbin-Watson统计量	
	性别 = 女(已选择)	性别 ~= 女（已取消选择）				R方更改	F更改	df1	df2	Sig. F更改	性别 = 女(已选择)	性别 ~= 女（已取消选择）
1	**0.451**[a]	0.003	0.203	0.150	2.2193	0.203	3.822	5	75	0.004	**1.868**	2.008

a. 预测变量：常量、关心、自主权、实用性、成功、兴趣

b. 除非有其他说明，否则统计量仅基于那些性别 = 女的案例

c. 因变量：成绩等级

ANOVA[a, b]

模型		平方和	df	均方	F	Sig.
1	回归	94.134	**5**	18.827	**3.822**	**0.004**[c]
	残差	369.399	**75**	4.925		
	总计	463.533	80			

a. 因变量：成绩等级

b. 仅选择那些性别 = 女的案例

c. 预测变量：常量、关心、自主权、实用性、成功、兴趣

系数[a, b]

模型		非标准化系数		标准系数	t	Sig.	相关性			共线性统计量	
		B	标准误差	试用版			零阶	偏	部分	容差	VIF
1	常量	8.482	1.985		4.272	0.000					
	自主权	0.163	0.274	**0.072**	**0.595**	**0.554**	-0.045	0.069	0.061	0.716	1.397
	实用性	1.017	0.407	**0.320**	**2.500**	**0.015**	0.010	0.277	0.258	0.647	1.546
	成功	-0.708	0.330	**-0.277**	**-2.149**	**0.035**	-0.245	-0.241	-0.222	0.641	1.560
	兴趣	-0.616	0.365	**-0.231**	**-1.689**	**0.095**	-0.299	-0.191	-0.174	0.567	1.762
	关心	-0.773	0.448	**-0.225**	**-1.724**	**0.089**	-0.295	-0.195	-0.178	0.624	1.602

a. 因变量：成绩等级

b. 仅选择那些性别 = 女的案例

结果分析：模型检验结果指出回归效果达到显著水平[F（5，75）=3.822，p=0.004 ＜ 0.05]，具有统计学上的意义，说明建立的模型有较强的影响能力。

进一步对个别自变量进行检验，系数估计的结果指出，实用性具有较强解释力（标准化回归系数=0.320），其次是成功、兴

趣、关心等三个维度（标准化回归系数分别=-0.277，-0.231，-0.225）。其中t检验结果指出实用性维度（t=2.500，p=0.015）、成功维度（t=-2.149，p=0.035）具备统计意义，而兴趣维度（t=-1.689，p=0.095）、关心维度（t=-1.724，p=0.089）不具备统计意义。综合来看，实用性和成功维度具有解释力。

通过上述模型检验，可以看到不同性别下MUSIC变量对影响成绩等级会有差异，成功维度对男女工科新生的成绩有影响，此外男性还受到自主权、兴趣维度的影响，而女性则受到实用性维度的影响。

下面检测不同性别学生在课程学习中形成的工程职业认同，影响男女学生的课程成绩的差异情况。

表 5-12　工程职业认同对男学生课程成绩等级的影响

描述性统计量[a]

	均值	标准偏差	N
影响成绩等级	5.051	2.2654	387
工程专业定位	4.2993	1.04506	387
工程实用性	2.4742	0.93627	387
工程专业归属	4.0477	1.06091	387

a. 仅选择那些性别＝男的案例

模型汇总[b, c]

模型	R		R方	调整R方	标准估计的误差	更改统计量					Durbin-Watson统计量	
	性别=男（已选择）	性别~=男（已取消选择）				R方更改	F更改	df1	df2	Sig. F更改	性别=男（已选择）	性别~=男（已取消选择）
1	**0.289**[a]	0.339	0.083	0.074	2.1802	0.083	8.694	3	382	0.000	**1.980**	1.815

a. 预测变量：常量、工程实用性、工程专业定位、工程专业归属

b. 除非有其他说明，否则统计量仅基于那些性别=男的案例

c. 因变量：成绩等级

ANOVA[a, b]

模型		平方和	df	均方	F	Sig.
1	回归	165.297	**3**	41.324	**8.694**	**0.000**[c]
	残差	1815.704	**382**	4.753		
	总计	1981.001	386			

a. 因变量：成绩等级

b. 仅选择那些性别=男的案例

c. 预测变量：常量、工程实用性、工程专业定位、工程专业归属

系数[a, b]

模型		非标准化系数		标准系数	t	Sig.	相关性			共线性统计量	
		B	标准误差	试用版			零阶	偏	部分	容差	VIF
1	常量	6.476	0.728		8.901	0.000					
	工程专业定位	0.094	0.145	**0.043**	**0.649**	**0.517**	-0.048	0.033	0.032	0.537	1.862

续表

模型		非标准化系数		标准系数	t	Sig.	相关性			共线性统计量	
		B	标准误差	试用版			零阶	偏	部分	容差	VIF
1	工程实用性	0.253	0.124	**0.104**	**2.036**	**0.042**	0.096	0.104	0.100	0.911	1.097
	工程专业归属	0.139	0.143	**0.065**	**0.972**	**0.332**	-0.050	0.050	0.048	0.533	1.875

a. 因变量：成绩等级

b. 仅选择那些性别＝男的案例

结果分析：模型检验结果指出回归效果达到显著水平[F（3，382）=8.649，p=0.000 ＜ 0.05]，具有统计学上意义，说明建立的模型有较强的影响能力。

进一步对个别自变量进行检验，系数估计的结果指出，较弱的是工程实用性维度（标准化回归系数=0.104）。其中t检验结果指出具备统计意义，工程实用性维度（t=2.036，p=0.042）。

表 5-13　工程职业认同对女学生课程成绩等级的影响

描述性统计量[a]

	均值	标准偏差	*N*
成绩等级	4.740	2.4071	81
工程专业定位	4.6091	0.85286	81
工程实用性	2.5230	0.89193	81
工程专业归属	4.1210	1.01177	81

a. 仅选择那些性别＝女的案例

模型汇总[b, c]

模型	R		R方	调整R方	标准估计的误差	更改统计量					Durbin-Watson统计量	
	性别=女（已选择）	性别~=女（已取消选择）				R方更改	F更改	df1	df2	Sig. F更改	性别=女（已选择）	性别~=女（已取消选择）
1	**0.500**[a]	0.210	0.250	0.210	2.1389	0.250	6.331	3	76	0.000	**1.997**	1.972

a. 预测变量：常量、工程实用性、工程专业定位、工程专业归属

b. 除非有其他说明，否则统计量仅基于那些性别=女的案例

c. 因变量：成绩等级

ANOVA[a, b]

模型		平方和	df	均方	F	Sig.
1	回归	115.853	**3**	28.963	**6.331**	**0.000**[c]
	残差	347.680	**76**	4.575		
	总计	463.533	80			

a. 因变量：成绩等级

b. 仅选择那些性别=女的案例

c. 预测变量：常量、工程实用性、工程专业定位、工程专业归属

系数[a, b]

模型		非标准化系数		标准系数	t	Sig.	相关性			共线性统计量	
		B	标准误差	试用版			零阶	偏	部分	容差	VIF
1	常量	12.434	1.801		6.905	.000					
	工程专业定位	-0.231	0.306	**-0.082**	**-0.755**	**0.453**	-0.190	-0.086	-0.075	0.839	1.192

续表

模型		非标准化系数		标准系数	t	Sig.	相关性			共线性统计量	
		B	标准误差	试用版			零阶	偏	部分	容差	VIF
1	工程实用性	-0.147	0.271	**-0.055**	**-0.544**	**0.588**	-0.094	-0.062	-0.054	0.982	1.018
	工程专业归属	-0.206	0.264	**-0.087**	**-0.783**	**0.436**	-0.239	-0.089	-0.078	0.804	1.243

a. 因变量：成绩等级

b. 仅选择那些性别=女的案例

结果分析：模型检验结果指出回归效果达到显著水平[F（3，76）=6.331，p=0.000＜0.05]，具有统计学上意义，说明建立的模型有较强的影响能力。

进一步对于个别自变量进行检验，系数估计的结果指出，三个维度不具有解释力。其中t检验结果指出不具备统计意义。

通过上述模型检验，可以看到不同性别下工程职业认同变量对影响成绩等级会有差异，男性受工程实用性维度的影响。

（三）男女工科新生是否会离开工程专业的影响因素差异

下面检测不同性别的学生在课堂学习中感受到的MUSIC变量，影响男女学生是否离开工程专业意愿的差异情况。

表5-14　MUSIC变量对男学生是否离开工程专业意愿的影响

描述性统计量[a]

	均值	标准偏差	*N*
是否离开工程专业	4.802	1.6352	387
自主权	3.7216	1.02640	387

续表

	均值	标准偏差	*N*
实用性	4.1811	0.96668	387
成　功	4.0982	1.02623	387
兴　趣	3.5016	1.02460	387
关　心	4.4947	0.92388	387

a. 仅选择那些性别=男的案例

模型汇总[b，c]

模型	R		R方	调整R方	标准估计的误差	更改统计量					Durbin-Watson统计量	
	性别=男（已选择）	性别~=男（已取消选择）				R方更改	F更改	df1	df2	Sig. F更改	性别=男（已选择）	性别~=男（已取消选择）
1	**0.233**[a]	0.101	0.055	0.042	1.6004	0.055	4.394	5	381	0.001	**1.995**	1.482

a. 预测变量：常量、关心、兴趣、自主权、成功、实用性

b. 除非有其他说明，否则统计量仅基于那些性别=男的案例

c. 因变量：是否离开工程专业

ANOVA[a，b]

模型		平方和	df	均方	F	Sig.
1	回归	56.269	**5**	11.254	**4.394**	**0.001**[c]
	残差	975.863	**381**	2.561		
	总计	1032.132	386			

a. 因变量：是否离开工程专业

b. 仅选择那些性别=男的案例

c. 预测变量：常量、关心、兴趣、自主权、成功、实用性

系数[a, b]

模型		非标准化系数		标准系数	t	Sig.	相关性			共线性统计量	
		B	标准误差	试用版			零阶	偏	部分	容差	VIF
1	常量	2.773	0.450		6.164	0.000					
	自主权	0.000	0.096	**0.000**	**-0.005**	**0.996**	0.123	0.000	0.000	0.687	1.456
	实用性	0.111	0.126	**0.066**	**0.883**	**0.378**	0.198	0.045	0.044	0.447	2.235
	成功	0.090	0.108	**0.057**	**0.838**	**0.402**	0.178	0.043	0.042	0.545	1.835
	兴趣	0.069	0.098	**0.043**	**0.701**	**0.483**	0.150	0.036	0.035	0.660	1.516
	关心	0.213	0.119	**0.120**	**1.792**	**0.074**	0.208	0.091	0.089	0.552	1.812

a. 因变量：是否离开工程专业

b. 仅选择那些性别=男的案例

结果分析：模型检验结果指出回归效果达到显著水平[F（5，381）=4.394，p=0.001 < 0.05]，具有统计学上意义，说明建立的模型有较强的影响能力。

进一步对个别自变量进行检验，系数估计的结果指出，关心维度具有一定解释力（标准化回归系数=0.120）。其中t检验结果指出不具备统计意义，关心维度（t=1.792，p=0.074）。

表 5-15　MUSIC 变量对女学生是否离开工程专业意愿的影响

描述性统计量[a]

	均值	标准偏差	*N*
是否离开工程专业	5.060	1.5031	81
自主权	3.6370	1.07103	81
实用性	4.3397	0.75850	81

续表

	均值	标准偏差	*N*
成　功	4.1821	0.94042	81
兴　趣	3.5119	0.90281	81
关　心	4.6852	0.70069	81

a. 仅选择那些性别=女的案例

模型汇总[b, c]

模型	R		R方	调整R方	标准估计的误差	更改统计量					Durbin-Watson统计量	
	性别=女(已选择)	性别~=女(已取消选择)				R方更改	F更改	df1	df2	Sig. F更改	性别=女(已选择)	性别~=女(已取消选择)
1	**0.294**[a]	0.172	0.087	0.026	1.4836	0.087	1.422	5	75	0.226	**1.509**	1.911

a. 预测变量：常量、关心、自主权、实用性、成功、兴趣

b. 除非有其他说明，否则统计量仅基于那些性别=女的案例

c. 因变量：是否离开工程专业

ANOVA[a, b]

模型		平方和	df	均方	F	Sig.
1	回归	15.655	**5**	3.131	**1.422**	**0.226**[c]
	残差	165.082	**75**	2.201		
	总计	180.736	80			

a. 因变量：是否离开工程专业

b. 仅选择那些性别=女的案例

c. 预测变量：常量、关心、自主权、实用性、成功、兴趣

系数[a, b]

<table>
<tr><th rowspan="2" colspan="2">模型</th><th colspan="2">非标准化系数</th><th>标准系数</th><th rowspan="2">t</th><th rowspan="2">Sig.</th><th colspan="3">相关性</th><th colspan="2">共线性统计量</th></tr>
<tr><th>B</th><th>标准误差</th><th>试用版</th><th>零阶</th><th>偏</th><th>部分</th><th>容差</th><th>VIF</th></tr>
<tr><td rowspan="6">1</td><td>常量</td><td>3.097</td><td>1.327</td><td></td><td>2.333</td><td>0.022</td><td></td><td></td><td></td><td></td><td></td></tr>
<tr><td>自主权</td><td>-0.251</td><td>0.183</td><td>-0.179</td><td>-1.370</td><td>0.175</td><td>-0.086</td><td>-0.156</td><td>-0.151</td><td>0.716</td><td>1.397</td></tr>
<tr><td>实用性</td><td>0.500</td><td>0.272</td><td>0.252</td><td>1.840</td><td>0.070</td><td>0.239</td><td>0.208</td><td>0.203</td><td>0.647</td><td>1.546</td></tr>
<tr><td>成功</td><td>0.067</td><td>0.220</td><td>0.042</td><td>0.306</td><td>0.761</td><td>0.106</td><td>0.035</td><td>0.034</td><td>0.641</td><td>1.560</td></tr>
<tr><td>兴趣</td><td>-0.001</td><td>0.244</td><td>0.000</td><td>-0.003</td><td>0.998</td><td>0.081</td><td>0.000</td><td>0.000</td><td>0.567</td><td>1.762</td></tr>
<tr><td>关心</td><td>0.091</td><td>0.300</td><td>0.042</td><td>0.303</td><td>0.763</td><td>0.153</td><td>0.035</td><td>0.033</td><td>0.624</td><td>1.602</td></tr>
</table>

a. 因变量：是否离开工程专业

b. 仅选择那些性别＝女的案例

结果分析：模型检验结果指出回归效果未达到显著水平[F（5，75）=1.422，p=0.226]，不具有统计学上的意义，说明建立的模型不能影响。

进一步对个别自变量进行检验，系数估计的结果和t检验的结果不具备统计意义。

通过上述模型检验结果，可以看到本书中的不同性别下MUSIC变量对是否离开工程专业的意愿均无法予以解释。

下面检测不同性别的学生在课程学习中形成的工程职业认同，影响男女学生是否离开工程专业意愿的差异情况。

表 5-16　工程职业认同对男学生是否离开工程专业意愿的影响

描述性统计量[a]

	均值	标准偏差	*N*
是否离开工程专业	4.802	1.6352	387
工程专业定位	4.2993	1.04506	387
工程实用性	2.4742	0.93627	387
工程专业归属	4.0477	1.06091	387

a. 仅选择那些性别＝男的案例

模型汇总[b, c]

模型	R		R方	调整R方	标准估计的误差	更改统计量					Durbin-Watson统计量	
	性别＝男（已选择）	性别~＝男（已取消选择）				R方更改	F更改	df1	df2	Sig. F更改	性别＝男（已选择）	性别~＝男（已取消选择）
1	**0.278**[a]	0.188	0.078	0.068	1.5788	0.078	8.024	3	382	0.000	**2.031**	1.557

a. 预测变量：常量、工程实用性、工程专业定位、工程专业归属

b. 除非有其他说明，否则统计量仅基于那些性别＝男的案例

c. 因变量：是否离开工程专业

ANOVA[a, b]

模型		平方和	df	均方	F	Sig.
1	回归	79.999	**3**	20.000	**8.024**	**0.000**[c]
	残差	952.133	**382**	2.492		
	总计	1032.132	386			

a. 因变量：是否离开工程专业

b. 仅选择那些性别＝男的案例

c. 预测变量：常量、工程实用性、工程专业定位、工程专业归属

系数[a, b]

模型		非标准化系数		标准系数	t	Sig.	相关性			共线性统计量	
		B	标准误差	试用版			零阶	偏	部分	容差	VIF
1	常量	2.497	0.527		4.740	0.000					
	工程专业定位	0.208	0.105	**0.133**	**1.980**	**0.048**	0.239	0.101	0.097	0.537	1.862
	工程实用性	0.003	0.090	**0.002**	**0.032**	**0.974**	-0.057	0.002	0.002	0.911	1.097
	工程专业归属	0.179	0.104	**0.116**	**1.725**	**0.085**	0.242	0.088	0.085	0.533	1.875

a. 因变量：是否离开工程专业

b. 仅选择那些性别=男的案例

结果分析：模型检验结果指出回归效果达到显著水平[F（3，382）=8.024，p=0.000 ＜ 0.05]，具有统计学上意义，说明建立的模型有较强的影响能力。

进一步对个别自变量进行检验，系数估计的结果指出，工程专业定位具有一定解释力（标准化回归系数=0.133），其次是工程专业归属维度（标准化回归系数=0.116）。其中t检验结果指出工程专业定位维度（t=1.980，p=0.048）具备统计意义，而工程专业归属维度（t=1.725，p=0.085）不具备统计意义。

表 5-17　工程职业认同对女学生是否离开工程专业意愿的影响

描述性统计量[a]

	均值	标准偏差	*N*
是否离开工程专业	5.060	1.5031	81
工程专业定位	4.6091	0.85286	81
工程实用性	2.5230	0.89193	81
工程专业归属	4.1210	1.01177	81

a. 仅选择那些性别＝女的案例

模型汇总[b, c]

模型	R		R方	调整R方	标准估计的误差	更改统计量					Durbin-Watson统计量	
	性别＝女（已选择）	性别～＝女（已取消选择）				R方更改	F更改	df1	df2	Sig. F更改	性别＝女（已选择）	性别～＝女（已取消选择）
1	**0.279**[a]	0.238	0.078	0.029	1.4807	0.078	1.607	3	76	0.181	**1.598**	2.038

a. 预测变量：常量、工程实用性、工程专业定位、工程专业归属

b. 除非有其他说明，否则统计量仅基于那些性别＝女的案例

c. 因变量：是否离开工程专业

ANOVA[a, b]

模型		平方和	df	均方	F	Sig.
1	回归	14.098	**3**	3.524	**1.607**	**0.181**[c]
	残差	166.638	**76**	2.193		
	总计	180.736	80			

a. 因变量：是否离开工程专业

b. 仅选择那些性别＝女的案例

c. 预测变量：常量、工程实用性、工程专业定位、工程专业归属

系数[a, b]

模型		非标准化系数		标准系数	t	Sig.	相关性			共线性统计量	
		B	标准误差	试用版			零阶	偏	部分	容差	VIF
1	常量	2.555	1.247		2.049	0.044					
	工程专业定位	0.476	0.212	**0.270**	**2.248**	**0.027**	0.255	0.250	0.248	0.839	1.192
	工程实用性	0.014	0.187	**0.009**	**0.077**	**0.939**	-0.002	0.009	0.008	0.982	1.018
	工程专业归属	-0.126	0.182	**-0.084**	**-.688**	**0.494**	0.048	-0.079	-0.076	0.804	1.243

a. 因变量：是否离开工程专业

b. 仅选择那些性别＝女的案例

结果分析：模型检验结果指出回归效果未达到显著水平[F（3，76）=1.607，p=0.181]，不具有统计学上意义，说明建立的模型没有影响能力。

下一步对于个别自变量进行检验，系数估计的结果和t检验的结果不具备统计意义。

通过上述模型检验，可以看到不同性别下工程职业认同变量对是否离开工程专业的意愿体现出差异。工程专业定位对男工科新生专业保留有影响，但三个维度无法解释女学生受到的影响。

（四）男女工科新生是否未来寻求工程师职业的影响因素差异

下面检测不同性别的学生在课堂学习中感受到的MUSIC变量，影响男女学生工程师职业意愿的差异情况。

表 5-18　MUSIC 变量对男学生是否离开工程职业意愿的影响

描述性统计量[a]

	均值	标准偏差	*N*
是否离开工程职业	4.043	1.3207	387
自主权	3.7216	1.02640	387
实用性	4.1811	0.96668	387
成　功	4.0982	1.02623	387
兴 趣	3.5016	1.02460	387
关 心	4.4947	0.92388	387

a. 仅选择那些性别＝男的案例

模型汇总[b, c]

模型	R		R方	调整R方	标准估计的误差	更改统计量					Durbin-Watson统计量	
	性别＝男（已选择）	性别~＝男（已取消选择）				R方更改	F更改	df1	df2	Sig. F更改	性别＝男（已选择）	性别~＝男（已取消选择）
1	**0.305**[a]	0.342	0.093	0.081	1.2662	0.093	7.800	5	381	0.000	**1.931**	2.285

a. 预测变量：常量、关心、兴趣、自主权、成功、实用性

b. 除非有其他说明，否则统计量仅基于那些性别＝男的案例

c. 因变量：是否离开工程职业

ANOVA[a, b]

模型		平方和	df	均方	F	Sig.
1	回归	62.524	**5**	12.505	**7.800**	**0.000**[c]
	残差	610.803	**381**	1.603		
	总计	673.328	386			

a. 因变量：是否离开工程职业
b. 仅选择那些性别＝男的案例
c. 预测变量：常量、关心、兴趣、自主权、成功、实用性

系数[a, b]

模型		非标准化系数		标准系数	t	Sig.	相关性			共线性统计量	
		B	标准误差	试用版			零阶	偏	部分	容差	VIF
1	常量	2.192	0.356		6.157	0.000					
	自主权	-0.077	0.076	**-0.060**	**-1.018**	**0.309**	0.117	-0.052	-0.050	0.687	1.456
	实用性	0.316	0.100	**0.231**	**3.171**	**0.002**	0.291	0.160	0.155	0.447	2.235
	成功	0.122	0.085	**0.095**	**1.438**	**0.151**	0.227	0.073	0.070	0.545	1.835
	兴趣	0.017	0.077	**0.013**	**0.217**	**0.828**	0.170	0.011	0.011	0.660	1.516
	关心	0.057	0.094	**0.040**	**0.608**	**0.544**	0.220	0.031	0.030	0.552	1.812

a. 因变量：是否离开工程职业
b. 仅选择那些性别＝男的案例

结果分析：模型检验结果指出回归效果达到显著水平[F（5，381）=7.800，p=0.000 < 0.05]，具有统计学上的意义，说明建立的模型有较强的影响能力。

进一步对个别自变量进行检验，系数估计的结果指出，实用性具有较好解释力（标准化回归系数=0.231）。其中t检验结果指出具备统计意义，实用性维度（t=3.171，p=0.002）。

表 5-19　MUSIC 变量对女学生是否离开工程职业意愿的影响

描述性统计量[a]

	均值	标准偏差	*N*
是否离开工程职业	4.161	1.1667	81
自主权	3.6370	1.07103	81
实用性	4.3397	0.75850	81
成　功	4.1821	0.94042	81
兴　趣	3.5119	0.90281	81
关　心	4.6852	0.70069	81

a. 仅选择那些性别＝女的案例

模型汇总[b, c]

模型	R		R方	调整R方	标准估计的误差	更改统计量					Durbin-Watson统计量	
	性别＝女（已选择）	性别~＝女（已取消选择）				R方更改	F更改	df1	df2	Sig. F更改	性别＝女（已选择）	性别~＝女（已取消选择）
1	**0.481**[a]	0.256	0.232	0.180	1.0562	0.232	4.523	5	75	0.001	**2.128**	1.866

a. 预测变量：常量、关心、自主权、实用性、成功、兴趣

b. 除非有其他说明，否则统计量仅基于那些性别＝女的案例

c. 因变量：是否离开工程职业

ANOVA[a, b]

模型		平方和	df	均方	F	Sig.
1	回归	25.230	**5**	5.046	**4.523**	**0.001**[c]
	残差	83.667	**75**	1.116		
	总计	108.897	80			

a. 因变量：是否离开工程职业
b. 仅选择那些性别 = 女的案例
c. 预测变量：常量、关心、自主权、实用性、成功、兴趣

系数[a，b]

模型		非标准化系数		标准系数	t	Sig.	相关性			共线性统计量	
		B	标准误差	试用版			零阶	偏	部分	容差	VIF
1	常量	1.488	0.945		1.574	0.120					
	自主权	-0.233	0.130	**-0.214**	**-1.792**	**0.077**	-0.086	-0.203	-0.181	0.716	1.397
	实用性	0.447	0.194	**0.290**	**2.307**	**0.024**	0.330	0.257	0.233	0.647	1.546
	成功	-0.152	0.157	**-0.123**	**-0.970**	**0.335**	0.074	-0.111	-0.098	0.641	1.560
	兴趣	0.314	0.174	**0.243**	**1.807**	**0.075**	0.314	0.204	0.183	0.567	1.762
	关心	0.239	0.213	**0.144**	**1.121**	**0.266**	0.349	0.128	0.113	0.624	1.602

a. 因变量：是否离开工程职业
b. 仅选择那些性别 = 女的案例

结果分析：模型检验结果指出回归效果达到显著水平[F（5，75）=4.523，p=0.001 ＜ 0.05]，具有统计学上的意义，说明建立的模型有较强的影响能力。

进一步对个别自变量进行检验，系数估计的结果指出，实用性具有较好解释力（标准化回归系数=0.290），其次是兴趣维度（标准化回归系数=0.243）、自主权维度（标准化回归系数=-0.214），较弱的是关心维度（标准化回归系数=0.144）、成功维度（标准化回归系数=-0.123）。其中t检验结果指出具备统计意义的是实用性维度（t=2.307，p=0.024），而兴趣维度（t=1.807，p=0.075）、自主权维度（t=-1.792，p=0.077）、关心维

度（t=1.121，p=0.266）、成功维度（t=-0.970，p=0.335），不具备统计学意义。

通过上述模型检验，可以看到不同性别下MUSIC变量对是否离开工程职业没有差别。实用性维度对男女都产生影响。

下面检测不同性别学生在课程学习中形成的工程职业认同，影响男女学生是否离开工程职业的差异情况。

表 5-20　工程职业认同对男学生是否离开工程职业意愿的影响

描述性统计量[a]

	均值	标准偏差	*N*
是否离开工程职业	4.043	1.3207	387
工程专业定位	4.2993	1.04506	387
工程实用性	2.4742	0.93627	387
工程专业归属	4.0477	1.06091	387

a. 仅选择那些性别＝男的案例

模型汇总[b, c]

模型	R		R方	调整R方	标准估计的误差	更改统计量					Durbin-Watson统计量	
	性别＝男（已选择）	性别～＝男（已取消选择）				R方更改	F更改	df1	df2	Sig. F更改	性别＝男（已选择）	性别～＝男（已取消选择）
1	**0.457[a]**	0.415	0.209	0.201	1.1809	0.209	25.218	3	382	0.000	**2.058**	2.141

a. 预测变量：常量、工程实用性、工程专业定位、工程专业归属

b. 除非有其他说明，否则统计量仅基于那些性别＝男的案例

c. 因变量：是否离开工程职业

ANOVA[a, b]

模型		平方和	df	均方	F	Sig.
1	回归	140.656	**3**	35.164	**25.218**	**0.000**[c]
	残差	532.671	**382**	1.394		
	总计	673.328	386			

a. 因变量：是否离开工程职业

b. 仅选择那些性别＝男的案例

c. 预测变量：常量、工程实用性、工程专业定位、工程专业归属

系数[a, b]

模型		非标准化系数		标准系数	t	Sig.	相关性			共线性统计量	
		B	标准误差	试用版			零阶	偏	部分	容差	VIF
1	常量	1.887	0.394		4.788	0.000					
	工程专业定位	0.031	0.078	**0.025**	**0.400**	**0.689**	0.321	0.020	0.018	0.537	1.862
	工程实用性	-0.167	0.067	**-0.119**	**-2.487**	**0.013**	-0.178	-0.126	-0.113	0.911	1.097
	工程专业归属	0.425	0.078	**0.341**	**5.474**	**0.000**	0.426	0.270	0.249	0.533	1.875

a. 因变量：是否离开工程职业

b. 仅选择那些性别＝男的案例

结果分析：模型检验结果指出回归效果达到显著水平[F（3，382）=25.218，p=0.000 ＜ 0.05]，具有统计学上的意义，说明建立的模型有较强的影响能力。

进一步对个别自变量进行检验，系数估计的结果指出，工程专业归属具有较强解释力（标准化回归系数=0.341），其次是工程

实用性维度（标准化回归系数=-0.119）。其中t检验结果指出具备统计意义，工程专业归属维度（t=5.474，p=0.000）、工程实用性维度（t=-2.487，p=0.013）。

表 5-21　工程职业认同对女学生是否离开工程职业意愿的影响

描述性统计量[a]

	均值	标准偏差	*N*
是否离开工程职业	4.161	1.1667	81
工程专业定位	4.6091	0.85286	81
工程实用性	2.5230	0.89193	81
工程专业归属	4.1210	1.01177	81

a. 仅选择那些性别＝女的案例

模型汇总[b，c]

模型	R		R方	调整R方	标准估计的误差	更改统计量					Durbin-Watson 统计量	
	性别＝女（已选择）	性别~=女（已取消选择）				R方更改	F更改	df1	df2	Sig. F更改	性别＝女（已选择）	性别~=女（已取消选择）
1	**0.462**[a]	0.423	0.213	0.172	1.0616	0.213	5.156	3	76	0.001	**2.152**	2.076

a. 预测变量：常量、工程实用性、工程专业定位、工程专业归属

b. 除非有其他说明，否则统计量仅基于那些性别＝女的案例

c. 因变量：是否离开工程职业

ANOVA[a, b]

模型		平方和	df	均方	F	Sig.
1	回归	23.242	**3**	5.811	**5.156**	**0.001**[c]
	残差	85.654	**76**	1.127		
	总计	108.897	80			

a. 因变量：是否离开工程职业

b. 仅选择那些性别＝女的案例

c. 预测变量：常量、工程实用性、工程专业定位、工程专业归属

系数[a, b]

模型		非标准化系数		标准系数	t	Sig.	相关性			共线性统计量	
		B	标准误差	试用版			零阶	偏	部分	容差	VIF
1	常量	2.307	0.894		2.581	0.012					
	工程专业定位	0.228	0.152	**0.167**	**1.504**	**0.137**	0.301	0.170	0.153	0.839	1.192
	工程实用性	-0.294	0.134	**-0.225**	**-2.190**	**0.032**	-0.208	-0.244	-0.223	0.982	1.018
	工程专业归属	0.365	0.131	**0.317**	**2.793**	**0.007**	0.366	0.305	0.284	0.804	1.243

a. 因变量：是否离开工程职业

b. 仅选择那些性别＝女的案例

结果分析：模型检验结果指出回归效果达到显著水平[F（3，76）=5.156，p=0.001 ＜ 0.05]，具有统计学上的意义，说明建立的模型有较强的影响能力。

进一步对个别自变量进行检验，系数估计的结果指出，工程专业归属具有较强解释力（标准化回归系数=0.317），其次是工

程实用性维度（标准化回归系数=-0.225），第三是工程专业定位维度（标准化回归系数=0.167）。其中t检验结果指出具备统计意义，工程专业归属维度（t=2.793，p=0.007）、工程实用性维度（t=-2.190，p=0.032），而工程专业定位维度（t=1.504，p=0.137），不具备统计意义。

通过上述模型检验，可以看到不同性别下工程职业认同变量对是否未来寻求工程职业的意愿没有差异。工程专业归属和工程实用性对男女工科新生的未来寻求工程职业有影响。

三、工科新生不同培养方式之间的差异分析

我国工科高校普遍重视基础课程教学，尤其是研究型大学的工程教育拔尖创新班开设的数理基础课程，在难度和深度上要高于其他学生选修的同类课程。加强工科学生的理论基础已经成为我国工程教育界的共识，也是我国工程教育的特点[①]。这样的改革试验结果到底如何，是否能用本书中提出的变量进行解释，在这方面进行探索非常有意义。本书中将会比较拔尖创新班与传统院系之间的差异情况。

（一）不同培养方式下两个变量的相关关系

下面将会检验不同培养方式下，工科新生的工程课程感知的MUSIC模型中的维度与工程职业认同中的维度是否存在相关关系。

① 雷庆.中国工程教育发展报告2012[R].北京：高等教育出版社，2013：15.

表 5-22　拔尖创新班 MUSIC 变量和工程职业认同之间的内部相关性 [a]

	自主权	实用性	成功	兴趣	关心	工程专业定位	工程实用性	工程专业归属
自主权	1							
实用性	0.640**	1						
成　功	0.715**	0.745**	1					
兴　趣	0.546**	0.669**	0.554**	1				
关　心	0.464**	0.704**	0.593**	0.610**	1			
工程专业定位	0.343*	0.587**	0.487**	0.614**	0.555**	1		
工程实用性	-0.292*	-0.542**	-0.465**	-0.441**	-0.391**	-0.386**	1	
工程专业归属	0.445**	0.462**	0.705**	0.472**	0.360**	0.542**	-0.323*	1

**. 在 .01 水平（单侧）上显著相关

*. 在 0.05 水平（单侧）上显著相关

a. 就读学院=高等工程学院

表 5-23　传统班级 MUSIC 变量和工程职业认同之间的内部相关性 [a]

	自主权	实用性	成功	兴趣	关心	工程专业定位	工程实用性	工程专业归属
自主权	1							
实用性	0.430**	1						
成　功	0.446**	0.548**	1					
兴　趣	0.390**	0.486**	0.482**	1				
关　心	0.329**	0.621**	0.468**	0.371**	1			
工程专业定位	0.217**	0.545**	0.474**	0.435**	0.450**	1		

续表

	自主权	实用性	成功	兴趣	关心	工程专业定位	工程实用性	工程专业归属
工程实用性	-0.017	-0.146**	-0.094*	0.110*	-0.103*	-0.219**	1	
工程专业归属	0.294**	0.528**	0.504**	0.561**	0.391**	0.622**	-0.058	1

**. 在 .01 水平（单侧）上显著相关

*. 在 0.05 水平（单侧）上显著相关

a. 就读学院=其他学院

通过增加不同培养方式维度，可以看到学生课堂教学中感受到的MUSIC变量和工程职业认同产生了一些差异。对于拔尖创新班的学生来说，所有MUSIC变量与工程专业定位、工程实用性、工程专业归属等显著相关（$p < 0.01$ 或 0.05）。对于其他学院学生来说，除了自主权与工程实用性无显著相关外，所有MUSIC变量和工程职业认同具有显著相关（$p < 0.01$ 或 0.05）。不同的培养方式，使得学生在MUSIC变量与工程职业认同的相关性上产生了差异。

（二）不同培养方式下两个变量对工科新生课程成绩的影响差异

下面来验证学生课程中感受到的MUSIC变量，影响拔尖创新班和传统班级学生课程成绩的情况。

表 5-24　MUSIC 变量对拔尖创新班学生课程成绩等级的影响

描述性统计量[a]

	均值	标准偏差	*N*
成绩等级	5.108	2.1871	45
自主权	3.9067	1.12541	45
实用性	4.2889	1.11319	45

续表

	均值	标准偏差	N
成　功	4.2667	1.19469	45
兴　趣	3.7637	1.02767	45
关　心	4.6407	1.19445	45

a. 仅选择那些就读学院=高等工程学院的案例

模型汇总[b, c]

模型	R		R方	调整R方	标准估计的误差	更改统计量					Durbin-Watson统计量	
	就读学院=高等工程学院（已选择）	就读学院~=高等工程学院（已取消选择）				R方更改	F更改	df1	df2	Sig. F更改	就读学院=高等工程学院（已选择）	就读学院~=高等工程学院（已取消选择）
1	**0.270**[a]	0.111	0.073	-0.046	2.2366	0.073	0.615	5	39	0.689	**1.991**	1.918

a. 预测变量：常量、关心、自主权、兴趣、成功、实用性

b. 除非有其他说明，否则统计量仅基于那些就读学院=高等工程学院的案例

c. 因变量：成绩等级

ANOVA[a, b]

模型		平方和	df	均方	F	Sig.
1	回归	15.381	**5**	3.076	**0.615**	**0.689**[c]
	残差	195.094	**39**	5.002		
	总计	210.475	44			

a. 因变量：成绩等级

b. 仅选择那些就读学院=高等工程学院的案例

c. 预测变量：常量、关心、自主权、兴趣、成功、实用性

系数[a, b]

模型		非标准化系数		标准系数	t	Sig.	相关性			共线性统计量	
		B	标准误差	试用版			零阶	偏	部分	容差	VIF
1	常量	7.070	1.541		4.586	0.000					
	自主权	-0.082	0.450	**-0.042**	**-0.183**	**0.856**	-0.147	-0.029	-0.028	0.444	2.253
	实用性	0.504	0.557	**0.257**	**0.906**	**0.371**	-0.105	0.144	0.140	0.296	3.376
	成功	-0.372	0.484	**-0.203**	**-0.768**	**0.447**	-0.197	-0.122	-0.118	0.341	2.936
	兴趣	-0.048	0.468	**-0.022**	**-0.102**	**0.919**	-0.133	-0.016	-0.016	0.492	2.034
	关心	-0.439	0.417	**-0.240**	**-1.053**	**0.299**	-0.213	-0.166	-0.162	0.458	2.184

a. 因变量：成绩等级

b. 仅选择那些就读学院=高等工程学院的案例

结果分析：模型检验结果指出回归效果未达到显著水平[F（5，39）=0.162，p=0.689]，不具有统计学上的意义，说明建立的模型没有较强的影响能力。

进一步对个别自变量进行检验，系数估计和t检验结果不具备统计意义。MUSIC的五个维度对影响高等工程学院的学生成绩等级不能给出有力解释。

表 5-25　MUSIC 变量对传统班级学生课程成绩等级的影响

描述性统计量[a]

	均值	标准偏差	*N*
成绩等级	4.976	2.3036	434
自主权	3.6748	1.03320	434
实用性	4.2010	0.92516	434
成　功	4.0943	0.99829	434

续表

	均值	标准偏差	N
兴　趣	3.4832	0.99904	434
关　心	4.5091	0.86880	434

a. 仅选择那些就读学院 ~= 高等工程学院的案例

模型汇总[b，c]

模型	R		R方	调整R方	标准估计的误差	更改统计量					Durbin-Watson统计量	
	就读学院 ~= 高等工程学院（已选择）	就读学院 = 高等工程学院（已取消选择）				R方更改	F更改	df1	df2	Sig. F更改	就读学院 ~= 高等工程学院（已选择）	就读学院 = 高等工程学院（已取消选择）
1	**0.185**[a]	0.150	0.034	0.023	2.2769	0.034	3.044	5	428	0.010	**1.938**	2.121

a. 预测变量：常量、关心、自主权、兴趣、成功、实用性

b. 除非有其他说明，否则统计量仅基于那些就读学院 ~= 高等工程学院的案例

c. 因变量：成绩等级

ANOVA[a，b]

模型		平方和	df	均方	F	Sig.
1	回归	78.894	**5**	15.779	**3.044**	**0.010**[c]
	残差	2218.868	**428**	5.184		
	总计	2297.762	433			

a. 因变量：成绩等级

b. 仅选择那些就读学院 ~= 高等工程学院的案例

c. 预测变量：常量、关心、自主权、兴趣、成功、实用性

系数[a, b]

模型		非标准化系数		标准系数	t	Sig.	相关性			共线性统计量	
		B	标准误差	试用版			零阶	偏	部分	容差	VIF
1	常量	6.089	0.642		9.480	0.000					
	自主权	-0.214	0.124	**-0.096**	**-1.725**	**0.085**	-0.120	-0.083	-0.082	0.732	1.366
	实用性	0.073	0.170	**0.029**	**0.432**	**0.666**	-0.049	0.021	0.021	0.485	2.062
	成功	-0.410	0.143	**-0.178**	**-2.873**	**0.004**	-0.150	-0.138	-0.136	0.590	1.696
	兴趣	0.192	0.133	**0.083**	**1.440**	**0.151**	-0.014	0.069	0.068	0.678	1.475
	关心	0.083	0.164	**0.031**	**0.508**	**0.612**	-0.034	0.025	0.024	0.590	1.695

a. 因变量：成绩等级

b. 仅选择那些就读学院 ~= 高等工程学院的案例

结果分析：模型检验结果指出回归效果达到显著水平[F（5，428）=3.044，p=0.010 ＜ 0.05]，具有统计学上的意义，说明建立的模型有较强的影响能力。

进一步对个别自变量进行检验，系数估计的结果指出，成功具有解释力（标准化回归系数=-0.178）。其中t检验结果指出成功维度（t=-2.873，p=0.004）具备统计意义。

通过上述模型检验，可以看到不同培养方式下MUSIC变量对影响成绩等级略有差异，无法解释高等工程学院的学生情况，但成功维度对非高等工程学院的成绩有影响。

接下来验证学生课程中形成的工程职业认同，影响拔尖创新班和传统班级学生课程成绩的情况。

表 5-26　工程职业认同对拔尖创新班学生课程成绩等级的影响

描述性统计量[a]

	均值	标准偏差	*N*
成绩等级	5.108	2.1871	45
工程专业定位	4.4741	1.13315	45
工程实用性	2.3096	0.81837	45
工程专业归属	4.2326	1.25430	45

a. 仅选择那些就读学院 = 高等工程学院的案例

模型汇总[b, c]

模型	R		R方	调整R方	标准估计的误差	更改统计量					Durbin-Watson统计量	
	就读学院 = 高等工程学院（已选择）	就读学院 ~= 高等工程学院（已取消选择）				R方更改	F更改	df1	df2	Sig. F更改	就读学院 = 高等工程学院（已选择）	就读学院 ~= 高等工程学院（已取消选择）
1	**0.364**[a]	0.132	0.132	0.046	2.1366	0.132	1.526	3	40	0.213	**2.102**	1.915

a. 预测变量：常量、工程专业定位、工程实用性、工程专业归属

b. 除非有其他说明，否则统计量仅基于那些就读学院 = 高等工程学院的案例

c. 因变量：成绩等级

ANOVA[a, b]

模型		平方和	df	均方	F	Sig.
1	回归	27.871	**3**	6.968	**1.526**	**0.213**[c]
	残差	182.605	**40**	4.565		
	总计	210.475	44			

a. 因变量：成绩等级

b. 仅选择那些就读学院 = 高等工程学院的案例

c. 预测变量：常量、工程专业定位、工程实用性、工程专业归属

系数[a, b]

模型		非标准化系数		标准系数	t	Sig.	相关性			共线性统计量	
		B	标准误差	试用版			零阶	偏	部分	容差	VIF
1	常量	8.493	2.958		2.871	0.007					
	工程专业定位	-0.778	0.352	**-0.403**	**-2.212**	**0.033**	-0.320	-0.330	-0.326	0.653	1.531
	工程实用性	0.053	0.439	**0.020**	**0.121**	**0.904**	0.140	0.019	0.018	0.805	1.242
	工程专业归属	0.318	0.312	**0.182**	**1.019**	**0.314**	-0.061	0.159	0.150	0.679	1.473

a. 因变量：成绩等级

b. 仅选择那些就读学院 = 高等工程学院的案例

结果分析：模型检验结果指出回归效果未达到显著水平[F（3，40）=1.526，p=0.213]，不具有统计学上的意义，说明建立的模型没有较强的影响能力。

进一步对个别自变量进行检验，系数估计的结果指出，工程专业定位具有较佳解释力（标准化回归系数=-0.403），其次是工

程专业归属维度（标准化回归系数=0.182）。其中t检验结果指出工程专业定位维度（t=-2.212，p=0.033）具备统计意义，而工程专业归属维度（t=1.109，p=0.314）不具备统计意义。综合来看，工程专业定位维度对高等工程学院的学生成绩等级的影响可能会有现实意义，但不具备统计意义。

表 5-27　工程职业认同对传统班级学生课程成绩等级的影响

描述性统计量[a]

	均值	标准偏差	*N*
成绩等级	4.976	2.3036	434
工程专业定位	4.3303	1.01407	434
工程实用性	2.5088	0.94920	434
工程专业归属	4.0419	1.03115	434

a. 仅选择那些就读学院 ~= 高等工程学院的案例

模型汇总[b, c]

模型	R		R方	调整R方	标准估计的误差	更改统计量					Durbin-Watson统计量	
	就读学院 ~= 高等工程学院（已选择）	就读学院 = 高等工程学院（已取消选择）				R方更改	F更改	df1	df2	Sig. F更改	就读学院 ~= 高等工程学院（已选择）	就读学院 = 高等工程学院（已取消选择）
1	**0.328**[a]	0.033	0.108	0.100	2.1860	0.108	12.965	3	429	0.000	**1.921**	2.039

a. 预测变量：常量、工程实用性、工程专业定位、工程专业归属

b. 除非有其他说明，否则统计量仅基于那些就读学院 ~= 高等工程学院的案例

c. 因变量：成绩等级

ANOVA[a, b]

模型		平方和	df	均方	F	Sig.
1	回归	247.811	**3**	61.953	**12.965**	**0.000**[c]
	残差	2049.951	**429**	4.778		
	总计	2297.762	433			

a. 因变量：成绩等级

b. 仅选择那些就读学院 ~= 高等工程学院的案例

c. 预测变量：常量、工程实用性、工程专业定位、工程专业归属

系数[a, b]

模型		非标准化系数		标准系数	t	Sig.	相关性			共线性统计量	
		B	标准误差	试用版			零阶	偏	部分	容差	VIF
1	常量	6.841	0.667		10.254	0.000					
	工程专业定位	0.191	0.137	**0.084**	**1.387**	**0.166**	-0.043	0.067	0.063	0.568	1.761
	工程实用性	0.228	0.114	**0.094**	**1.997**	**0.046**	0.071	0.096	0.091	0.938	1.067
	工程专业归属	0.076	0.136	**0.034**	**0.561**	**0.575**	-0.072	0.027	0.026	0.560	1.786

a. 因变量：成绩等级

b. 仅选择那些就读学院 ~= 高等工程学院的案例

结果分析：模型检验结果指出回归效果达到显著水平[F（3，429）=12.965，p=0.000 ＜ 0.05]，具有统计学上的意义，说明建立的模型有较强的影响能力。

进一步对个别自变量进行检验，系数估计的结果指出，三个维度不具有很好的解释力，其中t检验结果指出不具备统计意义。

通过上述模型检验，可以看到不同培养方式下工程职业认同变量对成绩等级的影响会有差异，工程专业定位对高等工程学院新生的成绩可能有现实影响，但不具备统计学意义。

（三）不同培养方式下工科新生是否会离开工程专业意愿的影响差异

下面来检验学生课程中感受到的MUSIC变量影响拔尖创新班和传统班级学生是否离开工程专业的意愿的差异情况。

表 5-28　MUSIC 变量对拔尖创新班学生是否离开工程专业意愿的影响

描述性统计量[a]

	均值	标准偏差	*N*
是否离开工程专业	4.993	1.4306	45
自主权	3.9067	1.12541	45
实用性	4.2889	1.11319	45
成　功	4.2667	1.19469	45
兴　趣	3.7637	1.02767	45
关　心	4.6407	1.19445	45

a. 仅选择那些就读学院 = 高等工程学院的案例

模型汇总[b, c]

模型	R		R方	调整R方	标准估计的误差	更改统计量					Durbin-Watson统计量	
	就读学院=高等工程学院（已选择）	就读学院~=高等工程学院（已取消选择）				R方更改	F更改	df1	df2	Sig. F更改	就读学院=高等工程学院（已选择）	就读学院~=高等工程学院（已取消选择）
1	**0.417**[a]	0.130	0.174	0.068	1.3810	0.174	1.644	5	39	0.171	**1.669**	1.910

a. 预测变量：常量、关心、自主权、兴趣、成功、实用性

b. 除非有其他说明，否则统计量仅基于那些就读学院=高等工程学院的案例

c. 因变量：是否离开工程专业

ANOVA[a, b]

模型		平方和	df	均方	F	Sig.
1	回归	15.674	**5**	3.135	**1.644**	**0.171**[c]
	残差	74.375	**39**	1.907		
	总计	90.049	44			

a. 因变量：是否离开工程专业

b. 仅选择那些就读学院=高等工程学院的案例

c. 预测变量：常量、关心、自主权、兴趣、成功、实用性

系数[a, b]

模型		非标准化系数		标准系数	t	Sig.	相关性			共线性统计量	
		B	标准误差	试用版			零阶	偏	部分	容差	VIF
1	常量	3.515	0.952		3.693	0.001					
	自主权	-0.372	0.278	**-0.293**	**-1.341**	**0.188**	0.014	-0.210	-0.195	0.444	2.253
	实用性	0.617	0.344	**0.480**	**1.795**	**0.080**	0.320	0.276	0.261	0.296	3.376
	成功	-0.107	0.299	**-0.090**	**-0.359**	**0.721**	0.138	-0.057	-0.052	0.341	2.936
	兴趣	0.017	0.289	**0.012**	**0.058**	**0.954**	0.198	0.009	0.008	0.492	2.034
	关心	0.147	0.258	**0.123**	**0.570**	**0.572**	0.279	0.091	0.083	0.458	2.184

a. 因变量：是否离开工程专业

b. 仅选择那些就读学院 = 高等工程学院的案例

结果分析：模型检验结果指出回归效果未达到显著水平[F（5，39）=1.644，p=0.171]，不具有统计学上的意义，说明建立的模型没有较强的影响能力。

进一步对个别自变量进行检验，系数估计的结果指出，实用性具有最佳解释力（标准化回归系数=0.480），其次是自主权（标准化回归系数=-0.293），再次是关心（标准化回归系数分别=0.123）。其中t检验结果指出三者不具备统计意义实用性维度（t=1.795，p=0.080）、自主权维度（t=-1.341，p=0.188）、关心维度（t=0.570，p=0.572）。综合来看，实用性维度可能具有现实意义，但不具备统计学意义。

表 5-29　MUSIC 变量对传统班级学生是否离开工程专业意愿的影响

描述性统计量[a]

	均值	标准偏差	*N*
是否离开工程专业	4.824	1.6310	434
自主权	3.6748	1.03320	434
实用性	4.2010	0.92516	434
成　功	4.0943	0.99829	434
兴　趣	3.4832	0.99904	434
关　心	4.5091	0.86880	434

a. 仅选择那些就读学院 ~= 高等工程学院的案例

模型汇总[b, c]

模型	R		R方	调整R方	标准估计的误差	更改统计量					Durbin-Watson 统计量	
	就读学院 ~= 高等工程学院（已选择）	就读学院 = 高等工程学院（已取消选择）				R方更改	F更改	df1	df2	Sig. F更改	就读学院 ~= 高等工程学院（已选择）	就读学院 = 高等工程学院（已取消选择）
1	**0.211[a]**	0.290	0.044	0.033	1.6036	0.044	3.983	5	428	0.002	**1.962**	1.821

a. 预测变量：常量、关心、自主权、兴趣、成功、实用性

b. 除非有其他说明，否则统计量仅基于那些就读学院 ~= 高等工程学院的案例

c. 因变量：是否离开工程专业

ANOVA[a, b]

模型		平方和	df	均方	F	Sig.
1	回归	51.214	**5**	10.243	**3.983**	**0.002**[c]
	残差	1100.584	**428**	2.571		
	总计	1151.798	433			

a. 因变量：是否离开工程专业

b. 仅选择那些就读学院 ~= 高等工程学院的案例

c. 预测变量：常量、关心、自主权、兴趣、成功、实用性

系数[a, b]

模型		非标准化系数		标准系数	t	Sig.	相关性			共线性统计量	
		B	标准误差	试用版			零阶	偏	部分	容差	VIF
1	常量	2.966	0.452		6.557	0.000					
	自主权	-0.041	0.087	**-0.026**	**-0.469**	**0.639**	0.083	-0.023	-0.022	0.732	1.366
	实用性	0.135	0.120	**0.077**	**1.133**	**0.258**	0.178	0.055	0.054	0.485	2.062
	成功	0.155	0.101	**0.095**	**1.540**	**0.124**	0.173	0.074	0.073	0.590	1.696
	兴趣	0.027	0.094	**0.016**	**0.284**	**0.777**	0.120	0.014	0.013	0.678	1.475
	关心	0.158	0.115	**0.084**	**1.369**	**0.172**	0.174	0.066	0.065	0.590	1.695

a. 因变量：是否离开工程专业

b. 仅选择那些就读学院 ~= 高等工程学院的案例

结果分析：模型检验结果指出回归效果达到显著水平[F（5，428）=3.983，p=0.002 ＜ 0.05]，具有统计学上的意义，说明建立的模型有较强的影响能力。

进一步对个别自变量进行检验，系数估计和t检验结果指出，MUSIC变量对非高等工程学院新生是否离开工程专业的意愿不能解释。

通过上述模型检验，可以看到不同培养方式下MUSIC变量对是否离开工程专业的意愿差异很小，实用性维度对高等工程学院新生可能具有现实意义，但不具备统计学意义，不能影响非高等工程学院新生。

接下来验证学生课程中形成的工程职业认同，影响拔尖创新班和传统班级学生是否离开工程专业的意愿情况。

表 5-30　工程职业认同对拔尖创新班学生是否离开工程专业意愿的影响

描述性统计量[a]

	均值	标准偏差	*N*
是否离开工程专业	4.993	1.4306	45
工程专业定位	4.4741	1.13315	45
工程实用性	2.3096	0.81837	45
工程专业归属	4.2326	1.25430	45

a. 仅选择那些就读学院 = 高等工程学院的案例

模型汇总[b, c]

模型	R		R方	调整R方	标准估计的误差	更改统计量					Durbin-Watson 统计量	
	就读学院=高等工程学院（已选择）	就读学院~=高等工程学院（已取消选择）				R方更改	F更改	df1	df2	Sig. F更改	就读学院=高等工程学院（已选择）	就读学院~=高等工程学院（已取消选择）
1	**0.540**[a]	0.204	0.292	0.221	1.2629	0.292	4.115	3	40	0.007	**1.980**	2.002

a. 预测变量：常量、工程专业定位、工程实用性、工程专业归属

b. 除非有其他说明，否则统计量仅基于那些就读学院＝高等工程学院的案例

c. 因变量：是否离开工程专业

ANOVA[a, b]

模型		平方和	df	均方	F	Sig.
1	回归	26.251	**3**	6.563	**4.115**	**0.007**[c]
	残差	63.798	**40**	1.595		
	总计	90.049	44			

a. 因变量：是否离开工程专业

b. 仅选择那些就读学院＝高等工程学院的案例

c. 预测变量：常量、工程专业定位、工程实用性、工程专业归属

系数[a, b]

模型		非标准化系数		标准系数	t	Sig.	相关性			共线性统计量	
		B	标准误差	试用版			零阶	偏	部分	容差	VIF
1	常量	2.235	1.748		1.278	0.209					
	工程专业定位	0.722	0.208	**0.572**	**3.471**	**0.001**	0.506	0.481	0.462	0.653	1.531
	工程实用性	-0.144	0.259	**-0.082**	**-0.555**	**0.582**	-0.261	-0.087	-0.074	0.805	1.242
	工程专业归属	-0.218	0.184	**-0.192**	**-1.186**	**0.243**	0.161	-0.184	-0.158	0.679	1.473

a. 因变量：是否离开工程专业

b. 仅选择那些就读学院 = 高等工程学院的案例

结果分析：模型检验结果指出回归效果达到显著水平[F（3，40）=4.115，p=0.007 < 0.05]，具有统计学上的意义，说明建立的模型有较强的影响能力。

进一步对个别自变量进行检验，系数估计的结果指出，工程专业定位具有最佳解释力（标准化回归系数=0.572），其次是工程专业归属维度（标准化回归系数=-0.192）。其中t检验结果指出工程专业定位维度（t=3.471，p=0.001）具备统计意义，而工程专业归属维度（t=-1.186，p=0.243）不具备统计学意义。

表 5-31　工程职业认同对传统班级学生是否离开工程专业意愿影响

描述性统计量[a]

	均值	标准偏差	*N*
是否离开工程专业	4.824	1.6310	434

续表

	均值	标准偏差	*N*
工程专业定位	4.3303	1.01407	434
工程实用性	2.5088	0.94920	434
工程专业归属	4.0419	1.03115	434

a. 仅选择那些就读学院 ~= 高等工程学院的案例

模型汇总 [b, c]

模型	R		R方	调整R方	标准估计的误差	更改统计量					Durbin-Watson统计量	
	就读学院~=高等工程学院（已选择）	就读学院=高等工程学院（已取消选择）				R方更改	F更改	df1	df2	Sig. F更改	就读学院~=高等工程学院（已选择）	就读学院=高等工程学院（已取消选择）
1	**0.255**[a]	0.401	0.065	0.056	1.5842	0.065	7.481	3	429	0.000	**1.984**	2.162

a. 预测变量：常量、工程实用性、工程专业定位、工程专业归属

b. 除非有其他说明，否则统计量仅基于那些就读学院 ~= 高等工程学院的案例

c. 因变量：是否离开工程专业

ANOVA [a, b]

模型		平方和	df	均方	F	Sig.
1	回归	75.104	**3**	18.776	**7.481**	**0.000**[c]
	残差	1076.694	**429**	2.510		
	总计	1151.798	433			

a. 因变量：是否离开工程专业

b. 仅选择那些就读学院 ~= 高等工程学院的案例

c. 预测变量：常量、工程实用性、工程专业定位、工程专业归属

系数[a, b]

模型		非标准化系数		标准系数	t	Sig.	相关性			共线性统计量	
		B	标准误差	试用版			零阶	偏	部分	容差	VIF
1	常量	2.707	0.484		5.598	0.000					
	工程专业定位	0.192	0.100	**0.119**	**1.924**	**0.055**	0.216	0.092	0.090	0.568	1.761
	工程实用性	-0.021	0.083	**-0.012**	**-0.250**	**0.803**	-0.042	-0.012	-0.012	0.938	1.067
	工程专业归属	0.140	0.099	**0.089**	**1.421**	**0.156**	0.210	0.068	0.066	0.560	1.786

a. 因变量：是否离开工程专业

b. 仅选择那些就读学院 ~= 高等工程学院的案例

结果分析：模型检验结果指出回归效果达到显著水平[F（3，429）=7.481，p=0.000 < 0.05]，具有统计学上的意义，说明建立的模型有较强的影响能力。

进一步对个别自变量进行检验，系数估计的结果指出，工程专业定位具有一定解释力（标准化回归系数=0.119）。其中t检验结果指出工程专业定位维度（t=1.924，p=0.055）不具备统计意义。

通过上述模型检验，可以看到不同培养方式下工程职业认同变量对是否离开工程专业的意愿影响会有差异，工程专业定位对高等工程学院新生是否离开工程专业具有较强解释力。

（四）不同培养方式下工科新生是否未来寻求工程师职业的影响差异

下面来检验学生课程中感受到的MUSIC变量，影响拔尖创新班和传统班级学生是否寻求工程师职业生涯的意愿。

表 5-32　MUSIC 变量对拔尖创新班学生是否寻求工程师职业意愿的影响

描述性统计量[a]

	均值	标准偏差	*N*
是否离开工程职业	4.581	1.1563	45
自主权	3.9067	1.12541	45
实用性	4.2889	1.11319	45
成　功	4.2667	1.19469	45
兴　趣	3.7637	1.02767	45
关　心	4.6407	1.19445	45

a. 仅选择那些就读学院 = 高等工程学院的案例

模型汇总[b, c]

模型	R		R方	调整R方	标准估计的误差	更改统计量					Durbin-Watson 统计量	
	就读学院 = 高等工程学院（已选择）	就读学院 ~= 高等工程学院（已取消选择）				R方更改	F更改	df1	df2	Sig. F更改	就读学院 = 高等工程学院（已选择）	就读学院 ~= 高等工程学院（已取消选择）
1	**0.430**[a]	0.156	0.185	0.081	1.1087	0.185	1.773	5	39	0.141	**1.443**	1.795

a. 预测变量：常量、关心、自主权、兴趣、成功、实用性

b. 除非有其他说明，否则统计量仅基于那些就读学院 = 高等工程学院的案例

c. 因变量：是否离开工程职业

ANOVA[a, b]

模型		平方和	df	均方	F	Sig.
1	回归	10.895	**5**	2.179	**1.773**	**0.141**[c]
	残差	47.938	**39**	1.229		
	总计	58.833	44			

a. 因变量：是否离开工程职业

b. 仅选择那些就读学院 = 高等工程学院的案例

c. 预测变量：常量、关心、自主权、兴趣、成功、实用性

系数[a, b]

模型		非标准化系数		标准系数	t	Sig.	相关性			共线性统计量	
		B	标准误差	试用版			零阶	偏	部分	容差	VIF
1	常量	3.732	0.764		4.884	0.000					
	自主权	-0.455	0.223	**-0.443**	**-2.043**	**0.048**	0.020	-0.311	-0.295	0.444	2.253
	实用性	0.049	0.276	**0.047**	**0.177**	**0.860**	0.197	0.028	0.026	0.296	3.376
	成功	0.533	0.240	**0.551**	**2.224**	**0.032**	0.287	0.335	0.321	0.341	2.936
	兴趣	0.253	0.232	**0.225**	**1.092**	**0.282**	0.209	0.172	0.158	0.492	2.034
	关心	-0.174	0.207	**-0.180**	**-0.843**	**0.404**	0.111	-0.134	-0.122	0.458	2.184

a. 因变量：是否离开工程职业

b. 仅选择那些就读学院 = 高等工程学院的案例

结果分析：模型检验结果指出回归效果未达到显著水平[F（5，39）=1.773，p=0.141]，不具有统计学上的意义，说明建立的模型没有较强的影响能力。

进一步对个别自变量进行检验，系数估计的结果指出，成功、自主权维度具有最佳的解释力（标准化回归系数分别=0.551，

-0.443)。其中t检验结果指出具备统计意义，成功维度（t=2.24，p=0.032）、自主权维度（t=-2.043，p=0.048）。综合来说，成功与自主权维度可能具有现实意义。

表 5-33　MUSIC 变量对传统班级学生是否寻求工程师职业意愿的影响

描述性统计量[a]

	均值	标准偏差	*N*
是否离开工程职业	4.013	1.2886	434
自主权	3.6748	1.03320	434
实用性	4.2010	0.92516	434
成　功	4.0943	0.99829	434
兴　趣	3.4832	0.99904	434
关　心	4.5091	0.86880	434

a. 仅选择那些就读学院 ~= 高等工程学院的案例

模型汇总[b, c]

模型	R		R方	调整R方	标准估计的误差	更改统计量					Durbin-Watson统计量	
	就读学院 ~= 高等工程学院（已选择）	就读学院 = 高等工程学院（已取消选择）				R方更改	F更改	df1	df2	Sig. F更改	就读学院 ~= 高等工程学院（已选择）	就读学院 = 高等工程学院（已取消选择）
1	**0.325**[a]	0.235	0.106	0.095	1.2256	0.106	10.127	5	428	0.000	**2.037**	1.097

a. 预测变量：常量、关心、自主权、兴趣、成功、实用性

b. 除非有其他说明，否则统计量仅基于那些就读学院 ~= 高等工程学院的案例

c. 因变量：是否离开工程职业

ANOVA[a, b]

模型		平方和	df	均方	F	Sig.
1	回归	76.061	**5**	15.212	**10.127**	**0.000**[c]
	残差	642.903	**428**	1.502		
	总计	718.965	433			

a. 因变量：是否离开工程职业

b. 仅选择那些就读学院 ~= 高等工程学院的案例

c. 预测变量：常量、关心、自主权、兴趣、成功、实用性

系数[a, b]

模型		非标准化系数		标准系数	t	Sig.	相关性			共线性统计量	
		B	标准误差	试用版			零阶	偏	部分	容差	VIF
1	常量	1.979	0.346		5.723	0.000					
	自主权	-0.121	0.067	**-0.097**	**-1.823**	**0.069**	0.075	-0.088	-0.083	0.732	1.366
	实用性	0.328	0.091	**0.236**	**3.592**	**0.000**	0.302	0.171	0.164	0.485	2.062
	成功	0.063	0.077	**0.049**	**0.818**	**0.414**	0.201	0.039	0.037	0.590	1.696
	兴趣	0.058	0.072	**0.045**	**0.813**	**0.417**	0.181	0.039	0.037	0.678	1.475
	关心	0.142	0.088	**0.096**	**1.611**	**0.108**	0.250	0.078	0.074	0.590	1.695

a. 因变量：是否离开工程职业

b. 仅选择那些就读学院 ~= 高等工程学院的案例

结果分析：模型检验结果指出回归效果达到显著水平[F（5，428）=10.127，p=0.000 ＜ 0.05]，具有统计学上的意义，说明建立的模型有较强的影响能力。

进一步对个别自变量进行检验，系数估计的结果指出，实用性具有较好解释力（标准化回归系数=0.236）。其中t检验结果指

出实用性维度（t=3.592，p=0.000）具备统计意义。

通过上述模型检验，可以看到不同培养方式下MUSIC变量对是否离开工程职业的意愿的影响有差异，成功、自主权维度对高等工程学院新生可能具有现实意义，而实用性对非高等工程学院新生具有较好的解释力。

下面来检验学生课程中形成的工程职业认同变量，影响拔尖创新班和传统班级学生是否寻求工程师职业生涯的意愿。

表 5-34　工程职业认同对拔尖创新班学生是否寻求工程师职业意愿的影响

描述性统计量[a]

	均值	标准偏差	*N*
是否离开工程职业	4.581	1.1563	45
工程专业定位	4.4741	1.13315	45
工程实用性	2.3096	0.81837	45
工程专业归属	4.2326	1.25430	45

a. 仅选择那些就读学院＝高等工程学院的案例

模型汇总[b, c]

模型	R		R方	调整R方	标准估计的误差	更改统计量					Durbin-Watson 统计量	
	就读学院=高等工程学院（已选择）	就读学院~=高等工程学院（已取消选择）				R方更改	F更改	df1	df2	Sig. F更改	就读学院=高等工程学院（已选择）	就读学院~=高等工程学院（已取消选择）
1	**0.552**[a]	0.409	0.305	0.235	1.0114	0.305	4.379	3	40	0.005	**1.378**	1.958

a. 预测变量：常量、工程专业定位、工程实用性、工程专业归属

b. 除非有其他说明，否则统计量仅基于那些就读学院=高等工程学院的案例

c. 因变量：是否离开工程职业

ANOVA[a, b]

模型		平方和	df	均方	F	Sig.
1	回归	17.916	**3**	4.479	**4.379**	**0.005**[c]
	残差	40.917	**40**	1.023		
	总计	58.833	44			

a. 因变量：是否离开工程职业

b. 仅选择那些就读学院=高等工程学院的案例

c. 预测变量：常量、工程专业定位、工程实用性、工程专业归属

系数[a，b]

模型		非标准化系数		标准系数	t	Sig.	相关性			共线性统计量	
		B	标准误差	试用版			零阶	偏	部分	容差	VIF
1	常量	2.327	1.400		1.662	0.104					
	工程专业定位	0.197	0.166	**0.193**	**1.181**	**0.244**	0.409	0.184	0.156	0.653	1.531
	工程实用性	-0.293	0.208	**-0.208**	**-1.412**	**0.166**	-0.392	-0.218	-0.186	0.805	1.242
	工程专业归属	0.210	0.148	**0.228**	**1.423**	**0.162**	0.429	0.220	0.188	0.679	1.473

a. 因变量：是否离开工程职业

b. 仅选择那些就读学院 = 高等工程学院的案例

结果分析：模型检验结果指出回归效果达到显著水平[F（3，40）=4.379，p=0.005 ＜ 0.05]，具有统计学上的意义，说明建立的模型有较强的影响能力。

进一步对个别自变量进行检验，系数估计的结果指出，工程专业归属和工程实用性具有很好的解释力（标准化回归系数=0.228，-0.208），其次是工程专业定位维度（标准化回归系数=0.193）。工程专业归属维度（t=1.423，p=0.162），工程实用性维度（t=-1.412，p=0.166），工程专业定位维度（t=1.181，p=0.244），t检验结果指出都不具备统计意义。综合来看，工程职业认同对高等工程学院新生是否离开工程职业可能有现实意义，但不具备统计学意义。

表 5-35 工程职业认同对传统班级学生是否寻求工程师职业意愿的影响

描述性统计量[a]

	均值	标准偏差	*N*
是否离开工程职业	4.013	1.2886	434
工程专业定位	4.3303	1.01407	434
工程实用性	2.5088	0.94920	434
工程专业归属	4.0419	1.03115	434

a. 仅选择那些就读学院 ~= 高等工程学院的案例

模型汇总[b，c]

模型	R		R方	调整R方	标准估计的误差	更改统计量					Durbin-Watson统计量	
	就读学院 ~= 高等工程学院（已选择）	就读学院 = 高等工程学院（已取消选择）				R方更改	F更改	df1	df2	Sig. F更改	就读学院 ~= 高等工程学院（已选择）	就读学院 = 高等工程学院（已取消选择）
1	**0.441**[a]	0.509	0.194	0.187	1.1621	0.194	25.836	3	429	0.000	**2.106**	1.146

a. 预测变量：常量、工程实用性、工程专业定位、工程专业归属

b. 除非有其他说明，否则统计量仅基于那些就读学院 ~= 高等工程学院的案例

c. 因变量：是否离开工程职业

ANOVA[a, b]

模型		平方和	df	均方	F	Sig.
1	回归	139.573	**3**	34.893	**25.836**	**0.000**[c]
	残差	579.392	**429**	1.351		
	总计	718.965	433			

a. 因变量：是否离开工程职业

b. 仅选择那些就读学院 ~= 高等工程学院的案例

c. 预测变量：常量、工程实用性、工程专业定位、工程专业归属

系数[a, b]

模型		非标准化系数		标准系数	t	Sig.	相关性			共线性统计量	
		B	标准误差	试用版			零阶	偏	部分	容差	VIF
1	常量	1.956	0.355		5.515	0.000					
	工程专业定位	0.050	0.073	**0.039**	**0.679**	**0.497**	0.311	0.033	0.029	0.568	1.761
	工程实用性	-0.166	0.061	**-0.122**	**-2.724**	**0.007**	-0.149	-0.130	-0.118	0.938	1.067
	工程专业归属	0.422	0.072	**0.338**	**5.831**	**0.000**	0.411	0.271	0.253	0.560	1.786

a. 因变量：是否离开工程职业

b. 仅选择那些就读学院 ~= 高等工程学院的案例

结果分析：模型检验结果指出回归效果达到显著水平[F（3，429）=25.836，p=0.000 ＜ 0.05]，具有统计学上的意义，说明建立的模型有较强的影响能力。

进一步对个别自变量进行检验，系数估计的结果指出，工程专业归属具有很好的解释力（标准化回归系数=0.338），其次

有一定解释力的是工程实用性（标准化回归系数=-0.122）。其中t检验结果指出具备统计意义的是，工程专业归属维度（t=5.831，p=0.000）、工程实用性维度（t=-2.724，p=0.007）。

通过上述模型检验，可以看到不同培养方式下工程职业认同变量对是否离开工程职业的意愿影响会有差异，工程职业认同对高等工程学院新生是否离开工程职业可能有现实意义，但不具备统计学意义，而工程专业归属和工程实用性维度对非高等工程学院新生是否离开工程职业的意愿有解释力。

第二节　工科新生专业成长内生动力研究结果讨论

一、整体结果讨论

首先，讨论MUSIC模型与工程职业认同模型内部相关关系。通过简化，结果显示工科新生对MUSIC模型中维度的感知是学生工程专业定位、工程专业归属的强影响维度，是工程实用性的较弱但仍然重要的影响维度（见表5-36）。

表5-36　研究变量内部维度相关关系

	自主权	实用性	成功	兴趣	关心
工程专业定位	0.233**	0.550**	0.476**	0.455**	0.464**
工程实用性	**-0.045**	-0.184**	-0.131**	**0.059**	-0.135**
工程专业归属	0.314**	0.520**	0.531**	0.552**	0.388**

**. 在0.01水平（单侧）上显著相关。

*. 在0.05水平（单侧）上显著相关。

MUSIC模型的所有维度都能影响工程专业定位，这与职业认同领域的一般研究结果是一致的。结果发现指导教师在课程中的行为可能影响学生的身份、专业定位。因此，渴望发展学生身份认同能力的指导教师应该考虑影响一年级学生学习经历的要素并在课程中给学生赋予选择权和决定权，向学生解释学习资料的实用性，确保付出努力的学生能够取得成功，使学生对所学资料感兴趣，并且显示出他们非常关心学生的学术成就。

MUSIC模型中的维度的重要性也体现在与工程专业归属的相关性上。当学生在投身其中的工程专业中感受到归属感时，就会更加推动其融入工程专业，这是符合逻辑的。归属感是指个人自己感觉被别人或被团体认可与接纳时的一种感受，意指心理上的安全感与落实感。美国著名心理学家马斯洛在1943年提出“需要层次理论”，他认为，“归属和爱的需要”是人的重要心理需要，只有满足了这一需要，人们才有可能“自我实现”。心理学研究表明，每个人都害怕孤独和寂寞，希望自己归属于某一个或多个群体，这样可以从中得到温暖，获得帮助和爱，从而消除或减少孤独和寂寞感，获得安全感。互助友爱的团体会激发学生的激情、兴趣以及责任感，这样学生才会全身心地投入学业，取得事半功倍的效果。工程专业归属与学生留在工程专业的意愿是密切相关的，这一研究结果支持了良好的授课是留住工程专业学生的方式之一的观点。此外，MUSIC模型的全部维度都能影响工程专业定位和专业归属感，这就说明MUSIC模型的所有维度都是重要的，都有其独特的贡献。这一研究结果为MUSIC模型在工科新生课程背景下的验证提供了依据。

MUSIC模型中的维度对工程实用性的影响性并没有像对工程

专业定位和工程专业归属的影响性一样强烈。事实上，课程实用性并不能影响工程实用性。这说明学生对课程实用性的信念与他们对工程实用性的信念无关。研究结果可能显示课程中并没有体现出学生认为的工程实用性，或者反之亦然（即学生发现的课程的实用性并不是他们认为的工程实用性）。此外，基础课程的抽象程度也可能是重要的原因，需要教师多用具体案例来解释抽象的课程内容。

其次，讨论两个变量对工科新生课程成绩的影响。正如预期的，课程过程中的成功显著地影响课程成绩。课程学习的成果是学生驾驭课程材料能力的体现，期望预示着学生对工程的价值判断及预期目标实现的可能性，若学生能够取得课程学习成功并具有较高的期望，说明其看重工程价值并有实现目标的能力，反之亦然，在学习阶段这一切将直接以课程成绩的方式予以体现。这一发现与其他在工程教育的研究结果一致，进一步证明了与成功相关的信念与成绩有关。

再次，讨论两个变量对工科新生留在工科专业意向的影响。在课程学习活动中形成的工程专业定位是积极影响留在工程专业最强的维度。学生是否能坚守在工程专业取决于工程专业的吸引力的大小，专业吸引力是引导学生朝专业目标努力的力量，当学生信任其所有专业知识并认同其专业价值观时，就会对其形成好感，热爱是坚守在该专业的起点和动力，与此同时如果学生又能够自信实现专业目标，那么这将大大提高学生留在工程专业的可能性。但是其中也有令人意外的情况，因为根据已有的研究，关心是一个影响学生专业去留的重要因素，但是这里却证实关心的影响力并没有预想的大。一个可能的解释是，这里的关心更多的是指教师对学生取得学术成就的重视和关注，因此对于致力于工程专业的学生而言，教师的此种关心必然很重要，但是对于有意离开工程专业的学生来说，教师是否关心其学习成果对其意义不大。

最后，讨论两个变量对工科新生未来选择工程师职业的意向的影响。实用性、工程专业归属与学生未来追求工程职业的意向具有最强的关系，其次较弱的是自主权、工程实用性。当工程学生认定工程师职业在利用其专门知识和技能为社会创造物质和精神文明的同时，又能满足自身物质和精神需求时，自然会将工程师作为其职业定位，学生的价值观更能影响他们的就业意向。

二、工科新生不同性别之间的结果差异讨论

首先，探讨不同性别维度下，两个变量内部之间的相关关系。当按照性别进行比较时，结果显示男女学生课堂教学中感受到的MUSIC变量与工程职业认同产生了一些差异。对于男学生来说，除了兴趣与工程实用性不存在显著相关，MUSIC变量与工程职业认同内部维度存在显著相关。对于女学生来说，MUSIC变量和工程专业归属具有显著相关，而工程专业定位与自主权、成功不存在显著相关，工程实用性与自主权、成功、兴趣不存在显著相关（见表5-37）。换句话说，男女学生在同样的课堂教学中感受到MUSIC因素与工程职业认同之间的相关是有差异的。

表 5-37　不同性别下研究变量内部维度相关关系

男	自主权	实用性	成功	兴趣	关心	女	自主权	实用性	成功	兴趣	关心
工程专业定位	0.283**	0.571**	0.518**	0.483**	0.478**		**-0.048**	0.353**	**0.158**	0.291**	0.307**
工程实用性	-0.087*	-0.197**	-0.152**	**0.029**	-0.153**		**0.127**	-0.283**	**-0.124**	**0.080**	-0.206*
工程专业归属	0.322**	0.546**	0.561**	0.560**	0.392**		0.220*	0.293**	0.332**	0.473**	0.294**

**. 在 0.01 水平（单侧）上显著相关。

*. 在 0.05 水平（单侧）上显著相关。

其次，讨论不同性别下两个变量对工科新生课程成绩的影响。不同性别下MUSIC变量对影响成绩等级会有差异，成功维度对男女工科新生的成绩有影响，但此外男性还受到自主权、兴趣、工程实用性维度的影响。女性则受到实用性维度的影响。自主和有兴趣地从事工程职业，才能更富有创造性。

再次，讨论不同性别下两个变量对工科新生留在工科专业意向的影响。本书中的不同性别下MUSIC变量对影响学生是否离开工程专业的意愿均无法予以解释，而不同性别下工程职业认同变量对是否离开工程专业体现出差异。工程专业定位对男工科新生专业保留有影响，但三个维度无法影响女学生的专业意向。初看似乎结果不是很合理，但是一个可能的解释是，目前我国大学专业转换不是完全自由的，学生专业转换存在种种限制和一定的难度，导致在学生看来，在可见的本科生涯都不能自由选择专业。

最后，讨论不同性别下两个变量对工科新生未来选择工程师职业的意向的影响。不同性别下MUSIC变量对是否离开工程职业的意愿没有差别，实用性维度对男女都产生影响。不同性别下工程职业认同变量对未来是否寻求工程职业没有差异。工程专业归属和工程实用性对男女工科新生未来寻求工程职业有影响。

基于生理和心理方面的不同，男女学生在上述各方面必然存在差异，但是我们需要知道存在哪些差异，由此才能更好地指导教学实践。教育者应该重视两性的差异，因材施教。当然，作为自然人，男女学生又都具有人之共性，教育也应参照人之共性。同时环境因素也是形成两性心理和行为差异的重要原因，在强调遗传差异的基础上，需要重视环境的塑造功能，为学生学习营造积极健康、公平公正的学术环境，尽力帮助所有学生取得学业上的成功。

三、工科新生不同培养方式之间的结果差异讨论

首先，探讨不同培养方式维度下，两个变量内部之间的关系。当按照不同培养方式进行比较时，结果显示学生课堂教学中感受到的MUSIC变量和工程职业认同产生了一些差异。对于拔尖创新班的学生来说，MUSIC变量与工程专业定位、工程实用性、工程专业归属等显著相关。对于其他学院学生来说，除了自主权与工程实用性不存在显著相关外，MUSIC变量和工程职业认同具有显著相关（见表5-38）。不同的培养方式，使得学生在MUSIC变量与工程职业认同的相关性上产生了差异。

表 5-38　不同培养方式下研究变量内部维度相关关系

拔尖创新班	自主权	实用性	成功	兴趣	关心	传统班级	自主权	实用性	成功	兴趣	关心
工程专业定位	0.343*	0.587**	0.487**	0.614**	0.555**		0.217**	0.545**	0.474**	0.435**	0.450**
工程实用性	-0.292*	-0.542**	-0.465**	-0.441**	-0.391**		**-0.017**	-0.146**	-0.094*	0.110*	-0.103*
工程专业归属	0.445**	0.462**	0.705**	0.472**	0.360**		0.294**	0.528**	0.504**	0.561**	0.391**

**. 在 0.01 水平（单侧）上显著相关。

*. 在 0.05 水平（单侧）上显著相关。

其次，讨论不同培养方式下两个变量对工科新生课程成绩的影响。不同培养方式下MUSIC变量对影响学生成绩等级略有差异，无法解释高等工程学院的学生情况，但成功维度对非高等工程学院的成绩有影响。工程专业定位对高等工程学院新生的成绩可能有现实影响，但不具备统计学意义。

再次，讨论不同培养方式下两个变量对工科新生留在工科专业意向的影响。不同培养方式下MUSIC变量对学生是否离开工程专业的意愿的影响差异很小，实用性维度对高等工程学院新生可能具有现实意义，但不具备统计学意义，不能影响非高等工程学院新生。不同培养方式下工程职业认同变量对是否离开工程专业的意愿影响会有差异，工程专业定位对高等工程学院新生是否离开工程专业具有较强的解释力。

最后，讨论不同培养方式下两个变量对工科新生未来选择工程师职业的意向的影响。不同培养方式下MUSIC变量对学生是否离开工程职业的意愿的影响有差异，成功、自主权维度对高等工程学院新生具有最佳的解释力，而实用性对非高等工程学院新生具有较好的解释力。工程职业认同对高等工程学院新生是否离开工程职业的意愿可能有现实意义，但不具备统计学意义，而工程专业归属和工程实用性维度对非高等工程学院新生是否离开工程职业的意愿有解释力。

在分析不同培养方式下的工科新生的结果时，研究发现对于特殊的工科拔尖创新班，目前许多维度都无法很好地解释。一个原因可能是样本量较少，导致统计结果的偏差。但对研究来说存在的困境是拔尖创新班本身每年的人数就不多，获得充足的样本数量不太现实，所以对这一群体的研究需要设计更好的研究方法。另一个可能的原因是，因为拔尖创新班的学生是高度选拔的，因此是一个特殊的群体，其培养方案也是不同的，这就导致该群体会出现一些不同于一般学生群体的特征，要想发现和理解这一特殊群体的培养规律，需要进一步运用不同理论来研究与解释。第三个可能是，这一培养方式的改革并不成功，很可能正在进行的培养方式的改革实验并没有基于已有的教育理论来指导，导致实验结果与愿望之间产生了差距。

第六章　改进工科新生培养的建议

大一阶段对于进入工程专业的学生来说，是学习生涯重大的转折，从此他们告别了基础教育阶段的培养模式，进入一个真正以学科划分为基础的高等教育世界。对于这一阶段，工程教育研究当中还没有更多地关注如何帮助学生取得成功（无论是学习成绩还是身份转换）。本书正是基于研究结果和当前工程教育的现实，提出改进的建议，包括建议工科教师利用教育理论指导自己的教学设计，探索适合工科新生培养的架构与内容，建立大学前教育与大学课程的衔接等。

一、教师应用 MUSIC 模型指导教学设计

正是基于前面的研究，是否能够提供优质的工程教育，取决于许多利益相关方，然而工科教师是其中关键之一：他们可以决定专业的学习内容，如何传授这些知识，也是学习环境的提供组织者。因此需要关注高等教育教师教学能力的建设。基础教育阶段，我们有专门的师范院校培养师资力量，提高教学水平，然而大学阶段却没有哪所大学是专门致力于培训大学教师。获取博士学位就能自然而然地教授学生了吗？在教育科学与技术日益发展的今天，面对高等教育学生结构发生的变化（由精英教育转变到

大众化教育），大学教师职业也面临着更多挑战。

传统工程课程的基础课程有数学、物理和化学，而这些课程往往由工程专业之外的部门来负责教学。所以由于工科课程的性质，工程教育培养过程中，工科学生学习工程知识会遇到一些共同的问题。在这些教学部门进行课程改革的过程中，需要考虑工科学生学习的现实因素。

虽然工程教育界致力于不断改善工程教育事业，但是现实中，工程教育研究成果和工程课程教学中存在着种种差距。其中一个重要原因是工程教育当中占主导地位的教学是当前的教师根据个人直觉经验进行的，而不是根植于教学理论和教学实践等多方面的创新。这就需要把经过时间考验的学习创新模式运用于我国工程教学实践。当前工程教育中需要解决把教育研究者的理论转化成为指导一线教师的教学的难题。促进教师的职业生涯发展，教学是至关重要的。教师在教育中的作用不仅是传授知识，更重要的是设计学习环境，支持知识的获取①。教育设计能力需要特定领域的知识，如教学的知识和能够反思教育实践的能力。未来工程教育的大一阶段，需要工程教育者学会以教育学、心理学的理论为指导，研究大一新生的特定心理特征，制定具体的教学计划。这样才能和大学前教育阶段有良好的衔接。为此，大学应该建立起培养工程教育教师的专门学习中心，不仅是在入职的时候给予指导，而且随着理论与实践的发展，教师可以在这个中心不断学习，逐渐提高自己的教学技能。

① Adams, R.S., Felder, R.M. Reframing Professional Development: A Systems Approach to Preparing Engineering Educators to Educate Tomorrow's Engineers [J]. Journal of Engineering Education 2008, 97 (3).

本书的结果显示，MUSIC模型中的五项因素对工科学生学习效果有影响，教师在课堂教学设计中融合运用自主权、实用性、成功、兴趣、关心等已经被研究者与实践者的行动证明是有效的要素。这些要素虽然看似简单，但是真正能够解决教学实践中的问题，能够收到良好效果。教师应该花时间思考如何更好地将五个要素整合到课程中。教师应该享受设计他们课程的过程，预先花时间设计高质量的课程将会使学生为他们的学习和课程而激动。最终，教师将从学生们实现课程目标的进步中收获快乐。（详细的指南可以参看附录四）

二、探索适合工科新生培养的架构与内容

普渡大学工科新生项目的发展经验可以为我国工程教育工科新生培养改革提供借鉴①。普渡大学工程教育系是工学院的一个部门，与其他系是平行的（具体架构见图 6-1），工科新生第一年进入该系的工科新生计划，完成第一年课程之后，学生将会到其他工程专业（系）中继续学习。

① 本部分内容，如无特殊说明，整理翻译自Monica Cardella副教授在北京航空航天大学讲座的内容。

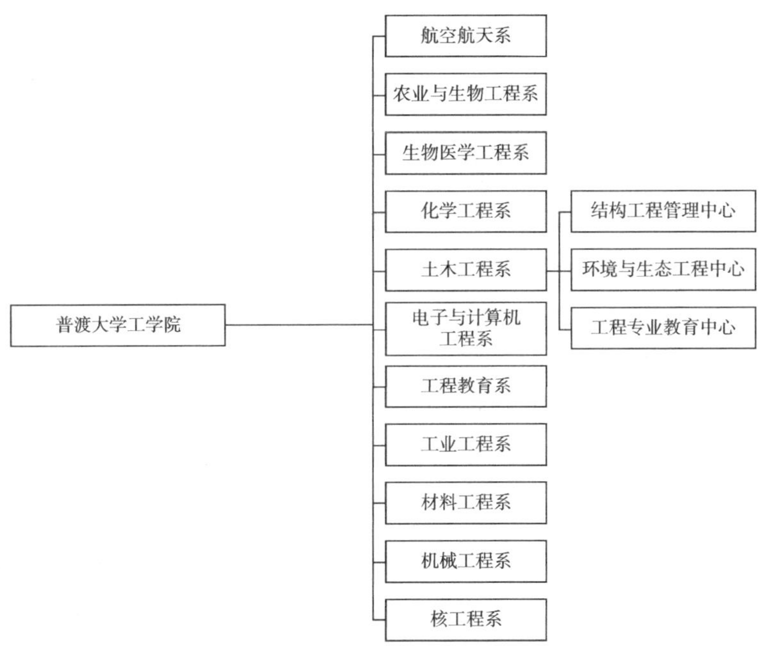

图 6-1　普渡大学工学院架构

工程教育系的工科新生计划是所有开始攻读工程专业的学生入口。这个以学生为本的服务项目的任务是招募、指导和教学，最后保留优秀学生进入普渡大学工程学院。在普渡大学的所有工科学生必须完成工科新生计划的要求，才能进入他们选择的具体工科专业。核心课程包括数学、化学、物理、计算机等课程，还包括沟通技能课程以及介绍讲授工程课程新思路的创新（I2I）学习实验室。

工科新生计划为学生提供了坚实的工程基础知识，并对职业选择有了初步的了解，帮助他们自己选择在普渡大学适合的工程专业。专业学术顾问、教师和学生顾问等致力于帮助未来工程师们有良好的第一年学习经历。此外，工科新生计划有非常详细的指导手册帮助学生了解这一计划。

参与这一项目将会给学生带来以下益处：通过特别设计的课程拓宽学生的学术视野；能够得到专业的指导；有机会接触到更多工程方面的导师；通过与拥有同样动机和学术成功的学生的互动，激励自己更加努力；通过参加工程学习团体，寻找学习小组，能结交更多朋友；能够接触到工程公司和行业代表，发现未来需要解决现实世界的工程问题。

工科新生计划的培养内容也是单独设计的，主要来自四个方面：

一是普渡大学参照美国 2020 工程师系列报告提出的培养目标（见图 6-2）。这当中三个支柱是能力、知识、素质。能力包括：领导力，团队合作，沟通力，决策力，识别和管理变革，在多样化和跨文化环境中有效工作，在全球工程专业中有效工作，工程、商业和社会三者综合的视角。知识包括：科学与数学知识，工程基础知识，分析技能，开放式设计和问题解决技能，多学科的知识，整合分析、问题解决、设计的技能。素质包括：创新，较强的职业伦理，全球的、社会的、智力和技术方面的道德责任，适应变化的环境，创业与内部创业，成为持续学习者。

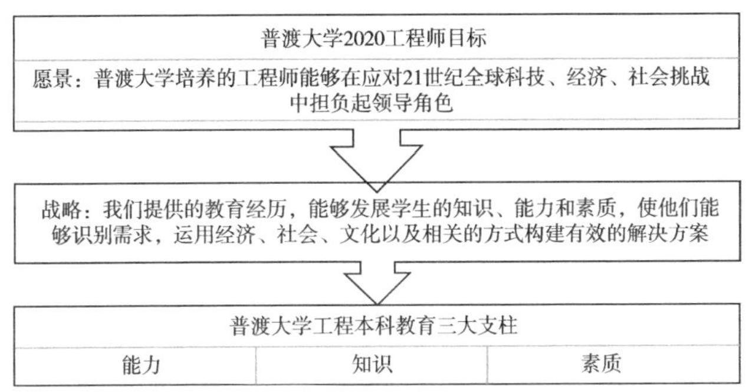

图 6–2　普渡大学 2020 工程师培养目标

资料来源：https://engineering.purdue.edu/Engr/Academics/Engineer2020。

二是新生工程课程委员会。它会从学生和职业学校的角度来看大学一年级的课程设置，并对其进行监督。总体目标是提供一个灵活的专业计划，使得有不同的背景和兴趣的学生，在经过两个学期的准备学习后，能够进入普渡大学的某一工程专业。教师队伍是由每个系的教师+新生咨询导师组成。

三是在技术、教育创新、工程实践三方面的课程创新。技术创新：使用谷歌草图（Google Sketch-Up）。与其他设计工具相比，学生更容易学习使用谷歌草图软件。因为它简单易学，所以将其添加到课程当中。教育创新：通过调研发现，在 2008 年以前，要求学生写报告时发现，学生撰写的报告存在以下问题，引用的资料非常少，不适当地引用信息来源，没有列举可靠的资料来源，学生需要在信息素养方面参加更多培训。工程实践创新：以人为中心的设计引领创新。领先产品设计公司研究人员提出，以人为本的设计过程最容易产生创新。

四是美国工程教育专业认证组织（ABET）的标准。其中对学生毕业时应该达到的标准进行了描述：a.能够应用数学、自然科学、工程基础和专业知识的能力；b.能够设计并操作实验，同时分析与解释数据的能力；c.能够设计满足特定需求的系统、单元（部件）或工艺流程，并能够在设计环节中考虑现实的约束，例如经济、环境、社会、政治、伦理、健康与安全、可制造和可持续性等因素；d.在多学科团队中的工作能力；e.鉴别、明确描述和解决工程问题的能力；f.具有一种对专业和伦理责任的理解力；g.有效的沟通能力；h.全球、经济、环境和社会框架内对工程作用影响力的宽广的知识；i.具有终身学习的认识与能力；j.当代问题的意识；k.在工程实践中使用必要的技术、技能和现代工程工具的能力[①]。

三、建立大学前教育与大学课程的衔接

本书既然聚焦于大一阶段的工科新生群体，那么其中一个建议就是考虑大学前教育与大学教育之间如何更好地衔接。目前我国高中教育和大学教育之间衔接存在断层，当前形势下中国招生选拔制度改革非常艰难，而且也不是一朝一夕能够解决的。然而让学生提前了解即将面对的专业学习是什么，目前还是有办法做到的。当前我国借鉴美国先修课程（AP）的经验，先修课程具有在高中和大学之间的桥梁作用，中国教育学会已经尝试在国内开展试点项目。项目联合了国内知名大学、一流高中及教育科研服务机构，共同来实现先修课程在中国建立和发展。该项目旨在“让学有余力的高中生及早接触大学课程内容，接受大学思维

① ABET criteria[EB/OL].http://www.abet.org/accreditation-criteria-policies-documents/. 2015-04-18.

方式、学习方法的训练，让学生真正享受到最符合其能力水平和兴趣的教育，帮助其为大学学习乃至未来的职业生涯做好准备；同时也为深化我国高中教育教学改革，推进人才培养模式创新起到积极的促进作用”[①]。2014年9月起，在全国28个省、自治区、直辖市，首批92所试点高中开始讲授“微积分”“线性代数”“概率统计”“文学写作”“通用学术英语”“物理力学”“微观经济学”“宏观经济学”等8门课程。

大学先修课程在中国尚属新生事物，无任何经验可循。由于目前尚处在试点时期，主要由优秀高中学校参与的做法可以理解，只有他们目前有能力建立先修课程。我们也需要看到其中的不足，一是对教育公平目标没有关注。在未来五年中，我国按照“十三五”规划将会逐步普及高中教育，这就需要项目的范围应该进一步扩大到所有高中，惠及所有高中生，否则会让学生接受更好教育的机会差距更大，教育是否公平也有待观察。在AP课程发源地美国，先修课程计划的两大目标是追求教育卓越和公平。20世纪50年代，美国先修课程计划成立之初的理念是追求教育卓越，即对象限定于最好中学的优秀学生。但从20世纪60年代末起，在教育民主化理念推动下关注教育公平问题，开始向更多阶层学生开放，实现教育机会的公平[②]。二是目前开设的课程只是基础类课程，达不到实现“让学生真正享受到最符合其能力水平和兴趣的教育，帮助其为大学学习乃至未来的职业生涯做好准备”的目的，教育部门需要警惕出现类似幼儿园小学化的教育问题。

① 中国大学先修课程[EB/OL].http://www.csecap.com/Index.aspx.2015-09-07.

② 赵丹.美国先修课程计划追求教育公平的实践研究[J].基础教育，2010（11）.
刘清华.美国大学先修课程60年：卓越与公平的互动[J].高等教育研究，2014（11）.

解决这些问题需要教育系统的初级教育、中等教育以及高等教育等多个层面作出改变。在高等教育层面，导论课旨在向学生指明科学和技术在社会中的角色，并为其提供最初的工程体验，以便增加学生的学习动机。实际动手操作和设计执行学习活动通过把数学和物理学科中抽象的模型与实际应用相结合的方式为学生提供具体的体验。这些体验的目的是让工程变得更有趣和令人兴奋，吸引学生进入工程领域并留在该专业中。设计执行体验被看作初等和中等学校课程的延伸，进一步加强学生的动机并为大学期间学习工程做好准备[①]。

教育部门应该支持所有高中和不同类型的高校参与这一项目的建设发展，未来加强课程研发、项目运行管理机制、学生考试评价系统等方面的研究以及经验总结工作。先修课程制度的建立完善，不仅会对学生未来学习的兴趣以及能力有所帮助，对于高等教育大一阶段的教学也会起到积极作用。

---

① Edward F. Crawley, et al. Rethinking Engineering Education: The CDIO Approach[M]. New York: Springer, 2007: 246-247.

主要参考文献

一、中文著作

（美）艾尔巴比.社会研究方法[M].邱泽奇，译.北京：华夏出版社，2005.

（美）巴克利.双螺旋教学策略：激发学习动机和主动性[M].古煜奎，等译.广州：华南理工大学出版社，2014.

（美）伯克·约翰逊，拉里·克里斯滕森.教育研究：定量、定性和混合方法（第4版）[M].马健生，等译.重庆：重庆大学出版社，2015.

（美）曼纽尔·卡斯特.认同的力量[M].曹荣湘，译.北京：社会科学文献出版社，2006.

（美）伍尔福克.教育心理学（第十版）[M].何先友，等译.北京：中国轻工业出版社，2008.

雷庆.中国工程教育发展报告2012[M].北京：高等教育出版社，2013.

刘少雪.面向创新型国家建设的科技领军人才成长研究[M].北京：中国人民大学出版社，2009.

迈克尔·戴维斯.像工程师那样思考[M].丛杭青，等译.杭州：浙江大学出版社，2012.

上海交通大学研究生院，上海交通大学高教研究室，译.美国工程教育与实践（续）[M].北京：学苑出版社，1990.
吴清山，林天祐.教育新辞书[M].台北：高等教育文化出版社，2005.
张维，等.工程教育与工业竞争力[M].北京：清华大学出版社，2003.
周其凤，等.研究型大学与高等教育强国[M]北京：科学出版社，2009.

二、期刊论文

蔡文伯，赵芸.新疆免费师范生职业认同现状调查及对策研究[J].当代教育与文化，2015（2）.
程明明，等.美国加州大学本科生就读经验调查项目解析[J].清华大学教育研究，2009（6）.
邓士昌.工科大学生自我效能感、学习动机与拖延行为的关系[J].贵州师范学院学报，2012（8）.
范兴华，等.六年制免费师范生的教师职业认同结构及特点[J].心理研究，2014（2）.
封子奇，等.免费师范生教师职业认同及其影响因素研究[J].河北师范大学学报（教育科学版），2010（7）.
黄人杰，冯玉柱.高校文理工科新生英语水平调查分析[J].外国语（上海外国语学院学报），1984（5）.
江净帆.美国大学“第一年教育”探析[J].教育与职业，2011（9）.
雷庆，巩翔.普渡大学工学院新生计划及启示[J].高等工程教育研究，2009（2）.
雷庆，苑健.从国家创新体系的构成看应用技术人才培养[J].中国高等教育，2015（22）.
李佳源，等.免费师范生角色认同及强化途径探寻：基于成都市某高校免费师范生培养现状的实证研究[J].教师教育学报，2014（5）.

李录志，等.免费师范生教师职业认同现状调查[J].当代教师教育，2011（2）.

林良盛.工科院校大学生学习动机表现及其对策研究[J].赤峰学院学报（自然科学版），2013（18）.

刘清华.美国大学先修课程60年：卓越与公平的互动[J].高等教育研究，2014（11）.

刘小强，蔡玉莲.大学第一年教育（FYE）：研究、实践和启示[J].江西师范大学学报（哲学社会科学版），2014（3）.

陆根书，等.大学生学习经历：概念模型与基本特征——基于西安交通大学本科生学习经历的调查分析[J].高等教育研究，2013（8）.

毛国红.工科大学生自主学习现状的调查与分析[J].安徽工业大学学报（社会科学版），2008（4）.

门垚，等.中国工学类大学毕业生的就业与培养[J].高等工程教育研究，2013（3）.

门垚，等.我国工程类大学毕业生2011年度就业分析[J].高等工程教育研究，2012（3）.

门垚，等.我国工程类大学毕业生2010年度就业分析[J].高等工程教育研究，2011（3）.

彭开智.地方高校生源质量的影响因素分析：基于长江大学的调查研究[J].长江大学学报（社会科学版），2012（12）.

沙磊，朱生玉.大学学习经历对毕业生初职获得的影响[J].重庆高教研究，2013（5）.

石艳.免费师范生身份认同研究：基于对某师范大学招收的第一批免费师范生的调查[J].教育发展研究，2010（4）.

王伯庆，门垚.我国工程类毕业生就业现状调查分析[J].高等工程教育研究，2010（3）.

王顶明，刘永存.硕士研究生专业认同调查[J].中国高教研究，2007（8）.

王瑾.对工科专业大学生学习动机问题的反思[J].当代教育科学，2009（23）.

王雪生，宋川.工科大学生学习动机的调查与分析[J].高等工程教育研究，1988（3）.

王阳，关文军.支教前后非定向免费师范生教师职业认同研究：以新疆师范大学首届免费师范生为例[J].贵州师范学院学报，2014（12）.

魏彩红，等.免费师范生的职业认同类型及其学习动机特点研究[J].教师教育研究，2013（3）.

吴涛.工科新生职业生涯规划现状调查与思想政治教育工作[J].吉林省教育学院学报（学科版），2011（1）.

肖小琼，徐红.提升工科新生专业学习能力新路径探析[J].中国教育学刊，2012，（S1）.

熊静，余秀兰.研究型大学贫困生与非贫困生的学习经历差异分析[J].高等教育研究，2015（2）.

杨卫平，黄馨馨.工科院校大学生学习动机及行为研究[J].中国电力教育，2011（20）.

杨文滢，冯清梅.工科新生英语学习观念和策略调查报告[J].广州大学学报（综合版），2001（6）.

于海波，李旭琬.免费师范生职业生涯适应力对其学习和求职的影响：职业认同的调节作用[J].中国特殊教育，2015（8）.

张爱莲.对137名非重点工科院校大学生学习动机的调查与分析[J].焦作工学院学报（社会科学版），2001（1）.

张淑华，等.身份认同研究综述[J].心理研究，2012（1）.

张燕，等.免费师范生的教师职业认同与学习动机及学业成就的关系研究[J].心理发展与教育，2011（6）.

赵丹.美国先修课程计划追求教育公平的实践研究[J].基础教育，2010（11）.

赵宏玉，等.免费师范生教师职业认同量表的编制[J].心理与行为研究，2012（2）.

赵宏玉，等.免费师范生的教师职业认同：结构与特点实证研究[J].教师教育研究，2011（6）.

赵宏玉，张晓辉.教育政策对免费师范生从教动机、职业认同的影响[J].北京师范大学学报（社会科学版），2015（4）.

赵丽，李录志.免费师范生职业认同对职后工作满意度的影响[J].当代教师教育，2013（3）.

郑林科，王建利.大学生学习动机激发学习动力的影响模型研究：基于西安石油大学13154名抽样学生的分析[J].西安石油大学学报（社会科学版），2008（4）.

郑尧丽，等.国外留学经历与大学工科生创造力的关系研究[J].高等工程教育研究，2013（1）.

周凌波，等.中国工程类大学毕业生2013年度就业分析[J].高等工程教育研究，2014（3）.

朱高峰.中国工程教育的现状和展望[J].清华大学教育研究，2015（1）.

庄丽君，刘少雪.我国研究型大学资优学生本科学习经历的调查报告[J].清华大学教育研究，2009（6）.

三、学位论文

曾丽红.免费师范生职业认同现状调查与对策建议[D].重庆：西南大学，2010.

邓杰.教育实习对免费师范生职业认同感的影响[D].重庆：西南大学，2012.

何静.大学工科新生自我同一性研究[D].西安：陕西科技大学，2014.

胡苗锋.免费师范生教师职业认同研究[D].上海：华东师范大学，2012.

晋燕云.免费师范生的教师专业认同研究[D].西安：陕西师范大学，2011.

孔寒冰.基于本体的工程学科框架研究[D].杭州：浙江大学，2009.

罗星.非免费师范生教师职业认同研究[D].大连：辽宁师范大学，2014.

万伟.两类大学生的自我效能感、学习动机和成就目标定向的比较[D].南京：南京师范大学，2006.

王莉萍.免费师范生职业认同感的实证研究[D].上海：华东师范大学，2014.

夏菁.南京大学本科生学习经历满意度研究[D].南京：南京大学，2013.

徐本伟.个人知识视角下英语专业免费师范生职业认同研究[D].重庆：西南大学，2011.

张帆.免费师范生教师职业认同现状的调查与建议[D].乌鲁木齐：新疆师范大学，2013.

张雅君.大学生一般自我效能感和学科特定自我效能感与学业成绩关系的研究[D].北京：首都师范大学，2004.

四、中文其他

2013—2023年全国教育事业发展统计公报[EB/OL].http://www.moe.edu.cn/.

丁妍.重视"大学第一年教育"已成全球共识[N].中国教育报，2009-09-10(7).

雷宇.如何拽回工科逃兵[N].中国青年报，2009-12-28(6).

中国教育统计年鉴[Z].北京：人民教育出版社，1994-2022.

中华人民共和国国家统计局.第六次全国人口普查主要数据公报（第1号）[DB/OL]. http://www.stats.gov.cn/tjsj/tjgb/rkpcgb/qgrkpcgb/.

中华人民共和国国家统计局.第五次全国人口普查公报（第1号）[DB/OL]. http://www.stats.gov.cn/tjsj/tjgb/rkpcgb/qgrkpcgb/.

五、外文论文

Absi, R., et al. Teaching Fluid Mechanics for Undergraduate Students in Applied Industrial Biology: From Theory to Atypical Experiments[J]. International Journal of Engineering Education, 2011, 27 (3).

Adams, R.S., Felder, R.M. Reframing Professional Development: A Systems Approach to Preparing Engineering Educators to Educate

Tomorrow's Engineers [J]. Journal of Engineering Education 2008, 97 (3).

Alejos, A. V., et al. Innovative Experimental Approach of Learning-Through-Play Theory in Electrical Engineering[J].International Journal of Engineering Education, 2011, 27(3).

Amelink, Catherine T., et al. Student Use of the Tablet PC: Impact on Student Learning Behaviors [J]. Advances in Engineering Education, 2012, 3(1).

Amelink, Catherine T., Peggy S. Meszaros. A Comparison of Educational Factors Promoting or Discouraging the Intent to Remain in Engineering by Gender[J]. European Journal of Engineering Education, 2011, 36(1).

Ames, C. Classrooms: Goals, Structures, and Student Motivation [J]. Journal of Educational Psychology, 1992(84).

Baytiyeh, H., M. K. Naja. Students' Enrollment in Engineering: Motivational Factors[J].International Journal of Engineering Education, 2010, 26(5).

Beijaard, D. Teachers' Prior Experiences and Actual Perceptions of Professional Identity[J]. Teachers and teaching, 1995, 1(2).

Bielefeldt, A. R., et al. Diverse Models for Incorporating Service Projects into Engineering Capstone Design Courses[J].International Journal of Engineering Education, 2011, 27(6).

Blau, G. J. The Measurement and Prediction of Career Commitment [J]. Journal of Occupational Psychology, 1985(58).

Blickenstaff, J. C. Women and Science Careers: Leaky Pipeline or Gender filter? [J] Gender and Education, 2005, 17(4).

Borrego, M. Development of Engineering Education as a Rigorous Discipline: A Study of the Publication Patterns of Four Coalitions [J]. Journal of Engineering Education, 2007, 96(1).

Brenda M. Capobianco, et al. Effects of Engineering Design-Based Science on Elementary School Science Students' Engineering Identity Development across Gender and Grade [J].Research in Science Education, 2015(2).

Britner, Shari L., et al. Portraits of Science Self-Efficacy: Four Undergraduate Women in a Summer Research Experience[J]. Journal of Women and Minorities in Science and Engineering, 2012, 18(3).

Brown, S. D. et al. Perceived Social Support among College Students: Factor structure of the Social Support Inventory [J]. Journal of Counseling Psychology, 1988, 35(4).

Butler, Deborah L., et al. Secondary Students' Self-Regulated Engagement in Reading: Researching Self-Regulation as Situated in Context [J] Psychological Test and Assessment Modeling, 2011, 53(1).

Butler, Peter J. Motivating Undergraduates to Use Their Engineering: Integrating COMSOL Multi Physics and Designs for World Health[J]. International Journal of Engineering Education, 2009, 25(6).

Caballe, S. Evaluation and Validation of the Virtualization of Live Collaborative Learning Sessions[J].International Journal of Engineering Education, 2012, 28(6).

Carberry, Adam R., et al. Measuring Engineering Design Self-Efficacy[J]. Journal of Engineering Education, 2010, 99(1).

Cech, Erin A. Culture of Disengagement in Engineering Education? [J]. Science, Technology, & Human Values, 2014, 39(1).

Cech, Erin A. The Self-expressive Edge of Occupational Sex Segregation [J].American Journal of Sociology, 2013, 119(3).

Cech, Erin A., et al. Professional Role Confidence and Gendered Persistence in Engineering [J].American Sociological Review, 2011, 76(5).

Cech, Erin. Engineers and Engineeresses? Self-conceptions and the Development of Gendered Professional Identities[J]. Sociological Perspectives, 2015(1).

Chamberlain, C. "It's Not Brain Surgery": Construction of Professional Identity Through Personal Narrative [J].Teaching and Learning, 2002, 16(3).

Cindy Rottmann, et al. Engineering Leadership: Grounding Leadership Theory in Engineers' Professional Identities [J].Leadership, 2015(3).

Cole, J. S., et al. Predicting Student Achievement for Low Stakes Tests with Effort and Task Value [J]. Contemporary Educational Psychology, 2008(33).

Conway, P. Anticipatory Reflection while Learning to Teach: from A Temporally Truncated to A Temporally Distributed Model of Reflection in Teacher Education[J]. Teaching and Teacher Education, 2001(17).

Dalrymple, Odesma O., et al. The Motivational and Transfer Potential of Disassemble/Analyze/Assemble Activities[J]. Journal of Engineering Education, 2011, 100(4).

Dannels, D. Learning to be Professional: Technical Classroom Discourse,

Practice, and Professional Identity Construction[J]. Journal of Business and Technical Communication, 2000, 14(1).

Deci, E. L., Ryan, R. M. The "What" and "Why" of Goal Pursuits: Human Needs and the Self-Determination of Behavior [J]. Psychological Inquiry, 2000, 11(4).

Deneen M. Hatmaker. Engineering Identity: Gender and Professional Identity Negotiation among Women Engineers[J].Gender, Work and Organization. 2013(4).

Denner, Jill, et al. Computing Goals, Values, and Expectations: Results from AN After-School Program for Girls[J]. Journal of Women and Minorities in Science and Engineering, 2012, 18(3).

Dias, Diana. Reasons and Motivations for the Option of an Engineering Career in Portugal[J]. European Journal of Engineering Education, 2011, 36(4).

Dryburgh, Heather. Work Hard, Play Hard: Women and Professionalization in Engineering— Adapting to the Culture [J]. Gender & Society, 1999, 13(5).

Eccles, J. S., Wigfield, A. Motivational Beliefs, Values, and Goals [J]. Annual Review of Psychology, 2002, 53(1).

Eris, Ozgur, et al. Outcomes of A Longitudinal Administration of the Persistence in Engineering Survey[J]. Journal of Engineering Education, 2010, 99(4).

Faulkner, Wendy. Dualism, Hierarchies and Gender in Engineering [J]. Social Studies of Science, 2000, 30(5).

Felder, Richard M., Rebecca Brent. The National Effective Teaching

Institute: Assessment of Impact and Implications for Faculty Development[J].Journal of Engineering Education, 2010, 99(2).

Fernández, Vicenc, et al. Low-Cost Educational Videos' for Engineering Students: A New Concept Based on Video Streaming and Youtube Channels[J]. International Journal of Engineering Education, 2011, 27(3).

Fernandez-Samaca, L., J. M. Ramirez. Learning Control Concepts in A Fun Way[J].International Journal of Engineering Education, 2011, 27(1).

Filak, V. F., Sheldon, K. M. Teacher Support, Student Motivation, Student Need Satisfaction, and College Teacher Course Evaluations: Testing A Sequential Path Model [J]. Educational Psychology, 2008, 28(6).

Filella, Gemma, et al. Well-Being E-Portfolio: A Methodology to Supervise the Final Year Engineering Project[J]. International Journal of Engineering Education, 2012, 28(1).

Foor, C., et al. "I Wished I Belonged More in This Whole Engineering Group:" Achieving Individual Diversity [J]. Journal of Engineering Education, 2007, 96(2).

Fouad, Nadya, et al. Persistence of Women in Engineering Careers: A Qualitative Study of Current and Former Female Engineers[J]. Journal of Women and Minorities in Science and Engineering, 2011, 17(1).

Freeman, T. M., et al. Sense of Belonging in College Freshmen at the Classroom and Campus Level [J]. The Journal of Experimental Education, 2007, 75(3).

Fries-Britt, Sharon, et al. K-12 Teachers: Important Bridges to Success for African-American Students[J].Journal of Women and Minorities in Science and Engineering, 2012, 18(4).

Furrer, C., Skinner, E. Sense of Relatedness as A Factor in Children's Academic Engagement and Performance [J]. Journal of Educational Psychology, 2003, 95(1).

Galand, B., et al. Engineering Students' Self-Regulation, Study Strategies, and Motivational Believes in Traditional and Problem-based Curricula[J]. International Journal of Engineering Education, 2010, 26(3).

Garcia, J., et al. Learning Through Entrepreneurially Oriented Case-Based Instruction[J]. International Journal of Engineering Education, 2012, 28(2).

Gary Gereffi, et al. Getting the Numbers Right: International Engineering Education in the United States, China, and India [J]. Journal of Engineering Education, 2008, 97(1).

Gee, J. Identity as An Analytic Lens for Research in Education [J]. Review of Research in Education, 2001(25).

Gilbuena, Debra M., et al. Use of An Authentic, Industrially Situated Virtual Laboratory Project to Address Engineering Design and Scientific Inquiry in High Schools[J]. Advances in Engineering Education, 2012, 3(2).

Goodson, I. F. , Cole, A. L. Exploring the Teacher's Professional Knowledge: Constructing Identity and Community[J]. Teacher Education Quarterly, 1994, 21(1).

Griffin, K. A. Striving for Success: A Qualitative Exploration of Competing Theories of High- achieving Black College Students' Academic Motivation [J]. Journal of College Student Development, 2006, 47(4).

Harackiewicz, J. M., et al. Short-term and Long- term Consequences of Achievement Goals in College: Predicting Continued Interest and Performance over Time [J]. Journal of Educational Psychology, 2000, 92(2).

Härterich, Jörg, et al. Mathe Praxis–Connecting First-Year Mathematics with Engineering Applications[J].European Journal of Engineering Education, 2012, 37(3).

Hidi, S., Renninger, K. A. The Four-phase Model of Interest Development [J]. Educational Psychologist, 2006, 41(2).

Honor J. Passow. Which ABET Competencies Do Engineering Graduates Find Most Important in their Work?[J]. Journal of Engineering Education, 2012, 101(1).

Huang, Huei-Chun, et al. Cooperative Learning in Engineering Education: A Game Theory-Based Approach[J].International Journal of Engineering Education, 2011, 27(4).

Hyde, M. S., Gess-Newsome, J. Adjusting Educational Practice to Increase Female Persistence in the Sciences[J]. Journal of College Student Retention, 1999/2000, 1(4).

Ibarra, H. Provisional Selves: Experimenting with Image and Identity in Professional Adaptation[J]. Administrative Science Quarterly, 1999, 44(4).

Impelluso, Thomas. Leveraging Cognitive Load Theory, Scaffolding, and

Distance Technologies to Enhance Computer Programming for Non-Majors [J]. Advances in Engineering Education, 2009, 1(4).

Iscioglu, Ersun, Izzet Kale. An Assessment of Project Based Learning (PBL) Environment Based on the Perceptions of Students: A Short Course Case Study on Circuit Design for VLSI[J].International Journal of Engineering Education, 2010, 26(3).

Jerez, J. M., et al. Improving Motivation in Lcarning Programming Skills for Engineering Students[J].International Journal of Engineering Education, 2012, 28(1).

Jian, Hua-Li, et al. Cultural Factors Influencing Eastern and Western Engineering Students' Choice of University[J].European Journal of Engineering Education, 2010, 35(2).

Johnson, D. W., et al. Social Interdependence and Classroom Climate[J]. Journal of Psychology, 1983, 114(1).

Johnson, Monica Kirkpatrick. Change in Job Values during the Transition to Adulthood [J].Work and Occupations, 2001, 28(3).

Jones, B. D. An Examination of Motivation Model Components in Face-to-face and Online Instruction[J]. Electronic Journal of Research in Educational Psychology, 2010, 8(3).

Jones, B. D.et al. An Analysis of Motivation Constructs with First-year Engineering Students: Relationships among Expectancies, Values, Achievement, and Career Plans [J]. Journal of Engineering Education, 2010, 99(4).

Kaufman, A., Dodge, T. Student Perceptions and Motivation in the Classroom: Exploring Relatedness and Value [J]. Social Psychology of Education, 2009, 12(1).

Klein, H. J., et al. Motivation to Learn and Course Outcomes: the Impact of Delivery Mode Learning Goal Orientation and Perceived Barriers and Enables[J]. Personnel Psychology, 2006(59).

Koh, Caroline, et al. Investigating the Effect of 3D Simulation Based Learning on the Motivation and Performance of Engineering Students[J]. Journal of Engineering Education, 2010, 99(3).

Kuh, G.D. Assessing What Really Matters to Student Learning: Inside the National Survey of Student Engagement[J]. Change, 2001, 33(3).

Kuh, G.D. The National Survey of Student Engagement: Conceptual and Empirical Foundations[J], New Directions for Institutional Research, 2009(141).

Kuh, G.D. What We're Learning about Student Engagement from NSSE[J]. Change, 2003, 35(2).

Kvadsheim, Reidar, et al. Web-Based Automatic Feedback on Assignments in Statistics: How Can It Help Students Learn Statistics and Universities Reduce Costs? [J]. International Journal of Engineering Education, 2010, 26(3).

Lamot, C., Engels, N. The Development of Student Teachers' Professional Identity[J]. European Journal of Teacher Education, 2010, 33(1).

Lantada, A. D., et al. Learning Through Play in A Final Year Subject: Enjoyable Design Experience for Teaching Product Development[J]. International Journal of Engineering Education, 2011, 27(3).

Law, K. M. Y., K. B. Chuah. What Motivates Engineering Students? A Study in Taiwan[J]. International Journal of Engineering Education,

2009, 25(5).

Law, Kris M. Y., et al. A Comparative Study of Learning Motivation among Engineering Students in South East Asia and Beyond[J]. International Journal of Engineering Education, 2009, 25(1).

Levett-Jones, T., et al. Staff-student Relationships and Their Impact on Nursing Students' Belongingness and Learning [J]. Journal of Advanced Nursing, 2009(65).

Lord, Susan M., et al. The Effect of Different Active Learning Environments on Student Outcomes Related to Lifelong Learning[J]. International Journal of Engineering Education, 2012, 28(3).

Lynch, Raymond, Michael Walsh. Second Level Education and the Decline in Popularity of Engineering within an Irish Context[J]. International Journal of Engineering Education, 2011, 27(2).

Mallinckrodt, B., Wei, M. Attachment, Social Competencies, Social Support, and Psychological Distress [J].Journal of Counseling Psychology, 2005, 52(3).

Markus, H., Nurius, P. Possible Selves [J]. American Psychologist, 1986, 41(9).

Marra, R. M. et al. Leaving Engineering: A Multi-Year Single Institution Study [J]. Journal of Engineering Education, 2012, 101(1).

Marsh, H. W. A Multidimensional, Hierarchical Self-concept: Theoretical and Empirical Justification [J]. Educational Psychology Review, 1990(2).

Marsh, H. W. Verbal and Math Self-concepts: An Internal/external Frame of Reference Model [J]. American Educational Research Journal,

1986, 23(1).

Marsh, H. W., Yeung, A. S. Causal Effects of Academic Self-concept on Academic Achievement: Structural Equation Models of Longitudinal Data[J]. Journal of Educational Psychology, 1997, 89(1).

Martínez-Caro, Eva, Francisco Campuzano-Bolarin. Factors Affecting Students' Satisfaction in Engineering Disciplines: Traditional vs. Blended Approaches[J]. European Journal of Engineering Education, 2011, 36(5).

Masouros, Spyridon D., Esat Alpay. Mathematics and Online Learning Experiences: A Gateway Site for Engineering Students[J]. European Journal of Engineering Education, 2010, 35(1).

Matusovich, H. M., et al. Why Do Students Choose Engineering? A Qualitative, Longitudinal Investigation of Students' Motivational Values[J]. Journal of Engineering Education, 2010, 99(4).

Mayer, R. E., et al. Increasing Interestingness of Extraneous Details in Multimedia Science Presentation Leads to Decreased Learning [J]. Journal of Experimental Psychology: Applied, 2008, 14(4).

Mueeay, Jean. , Male, Trevor. Becoming A Teacher Educator: Evidence from the Field[J].Teaching &Teacher Education, 2005, 21(2).

Muller, Carol, et al. Learning from the Experiences of Women of Color in Mentornet's One-on-One Program[J]. Journal of Women and Minorities in Science and Engineering, 2012, 18(4).

Murdock, T. B. The Social Context of Risk: Status and Motivational Predictors of Alienation in Middle School [J]. Journal of Educational Psychology, 1999(91).

Nedic, Zorica, et al. Motivational Project-Based Laboratory for a Common First Year Electrical Engineering Course[J]. European Journal of Engineering Education, 2010, 35(4).

Ngambeki, I., et al. Using Profiles of Person- Thing Orientation to Examine the Underrepresentation of Women in Engineering in Three Cultural Contexts[J].International Journal of Engineering Education, 2012, 28(3).

Ortiz, P., et al. Thermodynamic Approach in Chemical Plant Design: Teaching Chemical Engineering in the First Year[J].International Journal of Engineering Education, 2011, 27(2).

Osterman, K. F. Students' Need for Belonging in the School Community [J].Review of Educational Research, 2000, 70(3).

Owens, Timothy J., et al. Three Faces of Identity [J]. Annual Review of Sociology, 2010, 36(1).

Panchal, J. H., et al. Designing Undergraduate Design Experiences-A Framework Based on the Expectancy-Value Theory[J]. International Journal of Engineering Education, 2012, 28(4).

Pascual, R. Enhancing Project-Oriented Learning by Joining Communities of Practice and Opening Spaces for Relatedness[J]. European Journal of Engineering Education, 2010, 35(1).

Patterson, Eann A., et al. The Effect of Context on Student Engagement in Engineering[J]. European Journal of Engineering Education, 2011, 36(3).

Philip R. Brown, et al. The Use of Motivation Theory in Engineering Education Research: A Systematic Review of Literature[J]. European

Journal of Engineering Education, 2015(40).

Ponton, M., et al., Understanding the Role of Self-efficacy in Engineering Education[J]. Journal of Engineering Education, 2001, 90(2).

Pratt, Michael G., et al. Constructing Professional Identity: The Role of Work and Identity Learning Cycles in the Customization of Identity among Medical Residents [J]. The Academy of Management Journal, 2006, 49(2).

Reeve, J., Jang, H. What Teachers Say and Do to Support Students' Autonomy During A Learning Activity [J]. Journal of Educational Psychology, 2006, 98(1).

Reeve, J., et al. The Experience of Self-determination in Intrinsic Motivation and the Conundrum of Choice [J]. Journal of Educational Psychology, 2003(95).

Robinson, Dawn T. Control Theories in Sociology [J]. Annual Review of Sociology, 2007, 33(1).

Rose M. Marr, et al. Leaving Engineering: A Multi-Year Single Institution Study[J]. Journal of Engineering Education, 2012, 101(1).

Roth, W. M., et al. Remaking Identities in the Praxis of Urban Schooling: A cultural Historical Perspective [J]. Mind, Culture, and Activity, 2004, 11(1).

Ryan, R. M., Deci, E. L. Self-determination Theory and Facilitation of Intrinsic Motivation, Social Development, and Well-being [J]. American Psychologist, 2000, 55(1).

Samia C, Bernie W, Bob H. Inter Level Influences on the Reconstruction of Professional Role Identity [J]. Academy of Management Journal,

2007(50).

Sancho, P., et al. Applying Multiplayer Role-Based Learning in Engineering Education: Three Case Studies to Analyze the Impact on Students' Performance[J].International Journal of Engineering Education, 2009, 25(4).

Schaffer, Scott P., et al. Self-Efficacy for Cross-Disciplinary Learning in Project-Based Teams[J]. Journal of Engineering Education, 2012, 101(1).

Schlenker, Barry R. , James V. Trudeau. The Impact of Self-presentations on Private Self-beliefs: Effects of Prior Self-beliefs and Misattribution [J].Journal of Personality and Social Psychology, 1990, 58(1).

Schnittka, Christine G., et al. Informal Engineering Education After School: Employing the Studio Model for Motivation and Identification in STEM Domains [J].Advances in Engineering Education, 2012, 3(2).

Schraw, G., Lehman, S. Situational Interest: A Review of the Literature and Directions for Future Research [J]. Educational Psychology Review, 2001, 13(1).

Schreuders, P. D., et al. Pipeline or Personal Preference: Women in Engineering[J]. European Journal of Engineering Education, 2009, 34(1).

Sfard, A., Prusak, A. Telling Identities: In Search of An Analytic Tool for Investigating Learning as A Culturally Shaped Activity[J].Educational Researcher, 2005, 34(4).

Simons, J., et al. Placing Motivation and Future Time Perspective Theory in A Temporal Perspective [J]. Educational Psychology Review, 2004, 16(2).

Singh, K., et al. Women in Computer-Related Majors: A Critical Synthesis of Research and Theory from 1994 to 2005[J]. Review of Educational Research, 2007, 77 (4).

Stevens, R., et al. Becoming An Engineer: Toward A Three Dimensional View of Engineering Learning [J].Journal of Engineering Education, 2008, 97(3).

Stolk, J., et al. Engineering Students' Definitions of and Responses to Self-Directed Learning[J].International Journal of Engineering Education, 2010, 26(4).

Stump, Glenda S., et al. Collaborative Learning in Engineering Students: Gender and Achievement[J]. Journal of Engineering Education, 2011, 100(3).

Swann, William B. Identity Negotiation: Where Two Roads Meet [J]. Journal of Personality and Social Psychology, 1987, 53(6).

Tabachnick, S. E., et al. The Relationships among Students' Future-oriented Goals and Subgoals, Perceived Task Instrumentality, and Task-oriented Self-Regulation Strategies in An Academic Environment [J]. Journal of Educational Psychology, 2008, 100(3).

The Steering Committee of the National Engineering Education Research Colloquies. Special Report: The Research Agenda for the New Discipline of Engineering Education [J]. Journal of Engineering Education, 2006, 95(4).

Thornton, R., Nardi, P. The Dynamics of Role Acquisition[J]. The

American Journal of Sociology, 1975, 80(4).

Tinto, V. Research and Practice of Student Retention: What Next?[J]. Journal of College Student Retention, 2006, 8(1).

Tonso, K. Student Engineers and Engineering Identity: Campus Engineer Identities as Figured World [J]. Cultural Studies of Science Education, 2006, 1(2).

Tonso, K. Teams That Work: Campus Culture, Engineer Identity, and Social Interactions[J]. Journal of Engineering Education, 2006, 95(1).

Tosic, Milorad. Influence of Several Years Use of Wiki on Academic Motivation Improvement[J]. The International Journal of Engineering Education, 2011, 27(5).

Trenor, J. M.et al. The Relations of Ethnicity to Female Engineering Students' Educational Experiences and College and Career Plans in An Ethnically Diverse Learning Environment [J]. Journal of Engineering Education, 2008, 97(4).

Tsai, Y. M., et al. What Makes Lessons Interesting? The Role of Situational and Individual Factors in Three School Subjects [J]. Journal of Educational Psychology, 2008, 100(2).

Tully, D., Betty J. Effects of Single-Gender Mathematics Classrooms on Self-Perception of Mathematical Ability and Post-Secondary Engineering Paths: An Australian Case Study[J].European Journal of Engineering Education, 2010, 35(4).

Vanasupa L., et al. Global Challenges as Inspiration: A Classroom Strategy to Foster Social Responsibility [J]. Science and Engineering Ethics, 2006, 12(2).

Linda V., et al. Application of Self-Determination and Self-Regulation Theories to Course Design: Planting the Seeds for Adaptive Expertise[J].International Journal of Engineering Education, 2010, 26 (4).

Walker, C. O., Greene, B. A. The Relations between Student Motivational Beliefs and Cognitive Engagement in High School [J]. Journal of Educational Research, 2009, 102(6).

Wao, Ho. O., et al. Climate for Retention to Graduation: A Mixed Methods Investigation of Student Perceptions of Engineering Departments and Programs [J]. Journal of Women and Minorities in Science and Engineering, 2010, 16(4).

Weeden, Kim A., David B. Grusky. The Case for A New Class Map [J]. American Journal of Sociology, 2005, 111(1).

Wigfield, A., Cambria, J. Students' Achievement Values, Goal Orientations, and Interest: Definitions, Development, and Relations to Achievement Outcomes [J]. Developmental Review, 2010, 30(1).

Wigfield, A., Eccles, J. S. Expectancy-Value Theory of Achievement Motivation [J]. Contemporary Educational Psychology, 2000(25).

Williams, G. C., et al. Supporting Autonomy to Motivate Glucose Control in Patients with Diabetes[J]. Diabetes Care, 1998, 21(10).

Yasuhara, K., et al. Educating Engineering Entrepreneurs: A Multi-Institution Analysis[J]. International Journal of Engineering Education, 2012, 28 (2).

Yuen, T. T., et al. Factors That Influence Students to Major in Engineering[J]. International Journal of Engineering Education, 2012, 28 (4).

Zarske, Malinda S., et al. The Skyline TEAMS Model: A Longitudinal Look at the Impacts of K-12 Engineering on Perception, Preparation and Persistence[J].Advances in Engineering Education, 2012, 3 (2).

Zhou, Chunfang, Anette Kolmos, Jens Frederik Dalsgaard Nielsen. A Problem and Project-Based Learning (PBL) Approach to Motivate Group Creativity in Engineering Education[J]. International Journal of Engineering Education, 2012, 28 (1).

Zimmerman, Barry J. Self-Regulation Involves More than Metacognition: A Social Cognitive Perspective [J]. Educational Psychologist, 1995, 30 (4).

六、外文著作

A. J. Elliot, C. S. Dweck. Handbook of Competence and Motivation[C]. New York: The Guilford Press, 2005.

Bandura, A. Self-Efficacy: The Exercise of Control [M]. New York, NY: W.H. Freeman, 1997.

Bandura, A. Social Foundations of Thought and Action: A Social Cognitive Theory [M]. Englewood Cliffs, NJ: Prentice-Hall, 1986.

Cohen, J. Statistical Power Analysis for the Behavioral Sciences 2nd ed.[M]. Hillsdale, NJ: Lawrence Erlbaum, 1988.

Connelly, F. Clandinin. D. Shaping A Professional Identity: Stories of Educational Practice[M]. New York: Teachers College Press, 1999.

Covington, M. V. Making the Grade: A Self- Worth Perspective on Motivation and School Reform [M]. New York: Cambridge University Press, 1992.

Csikszentmihalyi, M. Flow: The Psychology of Optimal Experience [M]. New York: Harper Perennial, 1990.

D. M. McInerney, S. Van Etten. Big Theories Revisited: Research on Sociocultural Influences on Motivation and Learning[C]. Information Age Publishing, 2004.

Dale H. Schunk, et al. Motivation in Education: Theory, Research, and Applications [M]. Boston: Pearson, 2008.

De Fina, A., et al. Discourse and Identity [M]. Cambridge:CUP.2006.

Deci, E. L., Ryan, R. M. Intrinsic Motivation and Self-Determination in Human Behavior [M]. New York: Plenum, 1985.

E. L. Deci and R. M. Ryan,. Rochester, Handbook of Self-Determination Research[C]. NY: University of Rochester Press, 2002.

Edward F. C., et al. Brodeur. Rethinking Engineering Education: The CDIO Approach[M]. New York: Springer, 2007.

Elliot, A. J., Dweck, C. S. Handbook of Competence and Motivation [M]. New York: TheGuilford Press, 2005.

Eysenck, H. J. Introduction. In H. J. Eysenck , Case Studies in Behavior Therapy [M]. London, UK: Routledge, 1976.

Fivush, R. Haden, C. , Autobiographical Memory and the Construction of A Narrative Self: Developmental and Cultural Perspectives[C] Mahwah, N.J.: Lawrence Erlbaum Associates, Inc., 2003.

Flyvbjerg, B. Making Social Science Matter: Why Social Inquiry Fails and How It Can Succeed Again [M].Cambridge, UK: Cambridge University Press, 2001.

Giddens, A. Modernity and Self-Identity: Self and Society in the Late

Modern Age [M]. Stanford, CA: Stanford University Press, 1991.
J. T. Spence , Achievement and Achievement Motivation [M]. San Francisco, CA: Freeman, 1983: 75-146.
K. A. Renninger, S. Hidi, & A. Krapp , The Role of Interest in Learning and Development [C]. Hillsdale, NJ: Erlbaum1992.
M. D. Dunnete & Hough, Handbook of Industrial and Organizational Psychology[C]. Palo Alto, CA: Consulting Psychologists Pres, 1991.
M. L. Upcraft, J. N. Gardner, and Associates , The Freshman Year Experience: Helping Students Survive and Succeed in College[C]. San Francisco: Jossey-Bass, 1989.
Margolis, J., Fisher, A. Unlocking the Clubhouse: Women in Computing [M]. Cambridge, MA: MIT Press, 2002.
Pascarella, E.T., Terenzizi, P, T. How College Affects Students: A Third Decade of Research[M]. San Francisco:Jossey-Bass, 2005.
Pascarella, E.T., Terenzizi, P, T. How College Affects Students: Findings and Insights from Twenty Years of Research[M]. San Francisco:Jossey-Bass, 1991.
R. L. Tyler, Educational Evaluation: New Roles, New Methods: The Sixty-Eighth Yearbook of the National Society for the Study of Education, Part II[C]. Chicago: University of Chicago Press, 1969.
Reeve, J. Motivating Others: Nurturing Inner Motivational Resources [M]. Boston: Allyn and Bacon, 1996.
Schunk, D. H., et al. Motivation in Education: Theory, Research, and Applications [M]. Upper Saddle River, NJ: Pearson, 2008.
Schunk, Dale H., Zimmerman, Barry J. Self-Regulation of Learning and

Performance: Issues and Educational Applications[M]. Hillsdale, NJ: L. Erlbaum Associates, 1994.

Skinner, Ellen A. Perceived Control, Motivation, & Coping [M]. Thousand Oaks, CA: Sage Publications, 1995.

Stephen J. Ceci and Wendy M. Williams, In Why aren't More Women in Science? Top Researchers Debate the Evidence[C]. Washington, DC: American Psychological Association, 2007.

Stipek, D. J. Motivation to Learn: From Theory to Practice [M]. Boston: Allyn& Bacon, 1998.

七、外文报告

American Society for Engineering Education. Final Report: Goals of Engineering Education[R]. Washington, DC., 1968.

Atman, Cynthia J., et al. Enabling Engineering Student Success: The Final Report for the Center for the Advancement of Engineering Education[R]. San Rafael, CA: Morgan & Claypool Publishers, 2010.

Higher Education Academy. Strategic Plan 2005-2010[R].York, UK: HEA, 2005.

National Academy of Engineering. Grand Challenges of Engineering[R]. Washington, DC: The National Academies Press, 2008.

National Institute of Education. Involvement in Learning[R]. Washington, D.C.: U.S. Department of Education, 1984.

Pace, C. R. The Undergraduates: A Report of Their Activities and College Experiences in the 1980s[R]. Los Angeles: Center for the Study of Evaluation, UCLA Graduate School of Education, 1990.

Sheppard, S., et al. Exploring the Engineering Student Experience: Findings from the Academic Pathways of People Learning Engineering Survey (APPLES) (TR-10-01)[R]. Seattle, WA: Center for the Advancement for Engineering Education, 2010.

Sheri S., et al. An Overview of the Academic Pathways Study: Research Processes and Procedures [R].San Rafael, CA: Morgan & Claypool Publishers, 2010.

八、外文其他

ABET[EB/OL].http://www.abet.org/accreditation-criteria-policies-documents/.

Center for the Advancement of Engineering Education [DB/OL].http://www.engr.washington.edu/caee/.

Engineering College Profiles & Statistics Book[EB/OL].http://www.asee.org/papers-and-publications/publications/college-profiles.

Hart Research Associates. Trends and Emerging Practices in General Education [R/OL].http://pdfcast.org/pdf/trends- and- emerging-practices- in- general- education.

History of the First Year Seminar & University 101 Program [EB/OL]. http://sc.edu/ univ101/aboutus/ history. Html.

Institution of Civil Engineers. A Shot of ICE's Royal Charter, First Granted by King George IV on 3 June, 1828 [DB/OL].https://www.ice.org.uk/about-us/who-runs-ice/royal-charter.

Student Experience in the Research University (SERU) [DB/OL].http://www.cshe.berkeley.edu/SERU.

附　录

附录一：调查问卷

同学你好！

感谢你参加本次调查活动。本调查的主题为“工科新生专业学习经历与职业认同”状况调查，目的是了解当今时代工科大学生在工程基础课程学习经历中自主权、实用性、成就、兴趣和关心五个维度上以及工程职业认同的工程专业定位、工程专业归属、工程实用性三个维度的情况。你是我们科学抽样选中的调查代表，你的合作对了解相关信息具有十分重要的意义。本次调查工作采取无记名的方式进行。你的回答不涉及是非对错，但请务必按照你的实际情况逐一回答每个问题。对你的回答我们将予以保密。

衷心地感谢你的合作和支持！

请在横线、空格、数字等处填写相关内容，或者标注○或√。

你的基本信息：

问卷编号：＿＿＿＿＿＿	性别：1.男　　2.女	出生年月：＿＿年＿＿月
家庭所在地：1.大城市 2.中小城市 3.县镇 4.农村地区	入学方式：1.全国高考 2.自主招生	就读专业：＿＿＿＿＿＿
对你所读专业满意吗？	1.满意　2.比较满意　3.一般　4.不太满意　5.不满意	

以下题目中 1=完全不同意；2=不同意；3= 有些不同意；4 =有些同意；5 =同意；6 =完全同意。

题目	你的选择					
1. 我能决定课程内容的学习方式	1	2	3	4	5	6
2. 我有机会自我决定如何实现课程目标	1	2	3	4	5	6
3. 我能自由地以自己的方式完成课程作业	1	2	3	4	5	6
4. 我能选择实现课程目标的方式	1	2	3	4	5	6
5. 我能灵活地做课程允许的事情	1	2	3	4	5	6
6. 总体上说，课程作业对我是有用的	1	2	3	4	5	6
7. 课程作业对我是有益的	1	2	3	4	5	6
8. 我发现课程作业与我的未来相关	1	2	3	4	5	6
9. 我将来能够使用在工程基础课程中收获的知识	1	2	3	4	5	6
10. 在工程基础课程学会的知识对我的未来很重要	1	2	3	4	5	6
11. 我相信我可以在课程作业上取得成功	1	2	3	4	5	6
12. 我认为我可以成功地应对工程基础课程的学术挑战	1	2	3	4	5	6
13. 我有能力在工程基础课程上取得高分	1	2	3	4	5	6
14. 整个课程中，我认为我可以在课程作业上取得成功	1	2	3	4	5	6
15. 课程作业对我来说是有趣的	1	2	3	4	5	6
16. 课程作业能吸引我的注意力	1	2	3	4	5	6
17. 工程基础课程的教学方法能吸引我的注意力	1	2	3	4	5	6
18. 我喜欢工程基础课程的教学方法	1	2	3	4	5	6
19. 教学方法能使我投入课程中	1	2	3	4	5	6
20. 我喜欢完成课程作业	1	2	3	4	5	6
21. 老师能够回答我有关课程作业的问题	1	2	3	4	5	6
22. 如果我在课程中需要帮助，老师愿意帮助我	1	2	3	4	5	6
23. 老师看重我在工程基础课程中的表现	1	2	3	4	5	6
24. 老师是尊重我的	1	2	3	4	5	6

续表

题目	你的选择					
25. 老师是友好的	1	2	3	4	5	6
26. 我相信老师在乎我的感受	1	2	3	4	5	6

以下题目中 1=完全不同意；2=不同意；3= 有些不同意；4 =有些同意；5 =同意；6 =完全同意。

1. 学好工程是自我的一个重要组成部分	1	2	3	4	5	6
2. 对我来说做好工程任务是非常重要的	1	2	3	4	5	6
3. 对我来说在课堂的成功是非常有价值的	1	2	3	4	5	6
4. 对我来说在课堂的表现很重要	1	2	3	4	5	6

以下题目中 1=完全不同意；2=不同意；3= 有些不同意；4 =有些同意；5 =同意；6 =完全同意。

1. 学习和了解工程专业没有任何益处	1	2	3	4	5	6
2. 拥有坚实的工科知识背景没有意义	1	2	3	4	5	6
3. 学会如何做工程对我来说没有任何收获	1	2	3	4	5	6
4. 毕业后，对工程知识的了解对我来说没有用	1	2	3	4	5	6
5. 我的日常生活不需要工程知识	1	2	3	4	5	6
6. 对工程的理解使我个人受益匪浅	1	2	3	4	5	6

以下题目中 1=完全不同意；2=不同意；3= 有些不同意；4 =有些同意；5 =同意；6 =完全同意。

1. 在工程专业中让我感觉舒服	1	2	3	4	5	6
2. 再次选择的话，我还会选择工程专业	1	2	3	4	5	6
3. 工程专业给了我支持	1	2	3	4	5	6

续表

4. 我感觉自己是工程专业的一分子	1	2	3	4	5	6
5. 我有属于工程专业的归属感	1	2	3	4	5	6

你预计工程基础课程的最终成绩在班级排名情况?	10%	10%—20%	20%—30%	30%—40%	40%—50%	50%—60%	60%—70%	70%—80%	80%—90%	90%—100%

	6="目前为止，我还没有考虑要转到非工程的专业"到 1="我已经转到[或者计划转到]非工程专业"					
你转到非工程专业的可能性有多大?	1	2	3	4	5	6

	6="我现在就能确定我的职业将与工程直接相关"到 1="我现在就能确定我的职业将与工程无直接关系"					
你最终的职业与工程直接相关的可能性有多大?	1	2	3	4	5	6

非常感谢你的回答，祝心情愉快!

附录二：问卷发放记录表

序号	学院	预计发放数	各学院人数	实际问卷回收情况
1	材料科学与工程学院	63	152	发放63、收回60、有效50
2	电子信息工程学院	59	257	发放62、收回59、有效51
3	自动化科学与电气工程学院	54	217	发放59、收回55、有效50
4	能源与动力工程学院	62	234	发放62、收回59、有效52
5	航空科学与工程学院	58	273	发放58、收回50、有效46
6	机械工程及自动化学院	54	230	发放59、收回52、有效48
7	交通科学与工程学院	50	150	发放50、收回26、有效22
8	宇航学院	58	223	发放69、收回62、有效56
9	仪器科学与光电工程学院	41	178	发放46、收回33、有效32
10	可靠性与系统工程学院	31	92	发放36、收回32、有效27
11	高等工程学院	50	50	发放50、收回46、有效45
合计		580	2056	发放614、收回534、有效479

附录三：2003—2022 年我国 0—14 岁人口变化趋势图

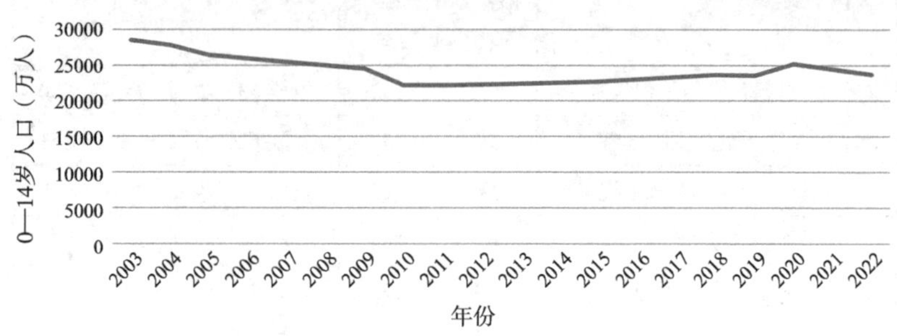

2003—2022 年我国 0—14 岁人口变化趋势图

注：2000、2010、2020 年数据为当年人口普查数据推算数；其余年份数据为年度人口抽样调查推算数据；2011—2019 年数据根据 2020 年人口普查数据修订。数据来源：国家统计局。

附录四：教师运用 MUSIC 模型设计课程活动的指南

教师应该考虑将以下五个方面整合到课程中，通过良好的课程设计，吸引学生更加投入课程学习。最终，实现课程教学的任务与目标。

1. 应用自主权要素的建议

如何让学生认为他们能够掌控学习的某些方面？

首先，提供给学生一些有意义的选择。例如允许学生选择他们的研究主题，可以选择使用何种资料，选择可实施的策略以及学生可以选择合作学习的伙伴。有研究显示，当学生可以自由选择合作学习伙伴时比教师分配学习小组拥有更大的动力。因为他们往往是朋友，相互比较熟悉，已经有很好的磨合，能够相互包容，更好地学习。

其次，允许学生对开发或实施课堂活动进行某些控制。某些课程，教师可以考虑采用现代技术手段，利用网上的“云计算”，可以形成课程需要的课堂展示大纲，同时配有一些重点知识和图片。在课堂上，教师在教室投影设备上放映这个大纲，学生们通过他们的电脑实时地在线上添加重点和词语。教师用这种方式教授负责的课程，学生的任务是要帮助完成演示。这样的课堂教学会极大地提高学生的控制感。

再次，允许学生控制课程节奏。现在学生要学的课程比较多，需要更灵活的方式来安排学习时间。举例来说，教师可以为每四个小测试安排一个到期日（举例来说，小测验 1、2、3 和 4 到期日是某月某日），而不是为 12 个在线测验安排 12 个具体的到期日。这样可以给予学生更大的灵活性以决定何时学习功课。

最后，为学生提供表达意见的机会并认真听取和考虑他们的意见。这样做的方式之一是运用讨论的方法，例如苏格拉底问答式学习，包括问一些有关观点和议题的探索性问题，提出观点之间关系的扩展性问题，故意提出一些相反的观点，为讨论增添轻松的氛围，维持讨论的进程，讨论中让学生知道他人的位置和角色的有利之处。在一项研究中，商业管理专业的教师发现相对于面对面的讨论，网上讨论拥有更高水平的自治。这表明网上讨论具有促进课程中的自主权的好处。

如何让学生相信教师授权给他们并不试图操纵他们的行为？

首先，对规章和管理进行合理的解释。相对于简单命令学生课堂上禁止使用电脑（假设打字对于记笔记或者其他活动是没有必要的），一个支持自治的教师会向学生进行解释，在课堂上打字会分散其他同学的注意力，进而对其他学生的学习产生不利影响。同样地，支持自治的教师会为出勤政策提供根据。如果教师不能向学生提供一个诚实和合理的根据，他们应该重新考虑规章和管理的存在价值。

其次，允许学生协助制定课堂规则。大学生对已有的规则有时会存在逆反的心理，这个现象教师们都会发现。我们采取什么样的方式来解决呢？简单地进行权威压制吗？这也是一个方式，但是可以尝试让学生参与制定他们自己的规章。也就是把学生放到规则制定者的地位，这时学生就会体会到角色互换的不同。教师在第一堂课上可以让学生讨论怎样处理课堂纪律的问题，例如上课迟到、课上手机铃响等等正式的或者非正式的问题。然后，学生投票决定他们想采取的规则。接下来，教师将新制定的规则写在一张挂图上，并拍摄数码照片，用电子邮件发给课堂上的每位同学，以确保每位同学都有一份规则。不用担心学生制定和执行的能力，事实上学生制定的规则要比教师个人制定得更加严格，而且执行上会更有效果。

2. 应用实用性要素的建议

如何让学生明白学习内容为什么有益于他们真实世界的利益、职业目标？

首先，要清楚解释学习的实用性。清楚地向学生们解释学习材料是如何有益于他们的真实世界的利益、职业目标。一些情况下，学生对某个领域缺乏足够的知识和经验去明白真实世界或某个特定的职业需要的知识和技能的类型与种类。如果教师怀疑有些学生未能看到学习材料的作用，可以为他们建立清晰的联系，这将对他们有很大帮助。

其次，提供机会让学生参与展示学习内容作用于未来职业的活动。对于工程专业来说，可以带领学生参观有关企业，访问职业工程师，与他们就工程领域的问题进行交流，了解诸如团队合作或全球化等方面的重要性的实际事例。在活动结束后，安排学生分组综合整理他们的调查结果并向班级内参与活动的学生展示成果。这样的活动有助于学生明白这些工程相关的技能（包括写作技能）在工作中的重要性，可以激励他们在课程中更加专注于相关技能的自我提高。

再次，提供机会让学生参与体现学习材料在真实世界中作用的活动。数学的学习对工科专业学生来说是非常必要的。然而由于数学学科的抽象性质比较强，要应用到现实当中需要一个转化过程。教师在教学中，就要考虑数学方程式在真实世界的应用。例如，当讨论二次方程式的作用时，学生们可以联系到篮球投球的轨迹。在教授学生不同类型的对称课程上，可以让学生调查一下某些艺术品的几何图形，不仅有利于学习，还能增加对人文社会等学科的理解。

3. 应用成功要素的建议

如何让学生明白教师对他们的期望？

首先，使课程活动的期望清楚和明确。每一门课程都应该具备一个综合性的教学大纲，包括学习任务的详细说明。当学生选择该课程时，就能获得这样的一份说明。教师有必要花一点时间让学生记住学习任务是什么。教师需要把教学大纲进行详细地说明，回答学生对有关课程要求的所有的疑问，最后可以对学生进行一个小测验，清楚确认学生明白课程教学大纲和教师的期望。

其次，为所有的学习任务提供清晰易懂的指导。详细叙述评分标准的评测表是使标准清晰化的一个很好的方式，当学生写感想、制作宣传册或者创制概念地图等作业时，教师可以用评测表来为开放性作业打分。这样的评测表也会对学生完成任务起到指导的作用。

如何让学生发现学习活动的挑战性适中？

首先，为学生提供富有挑战性的学习活动。工程教育中，可以将现实世界的情节作为案例。允许学生全程参与项目体验，包括问题定义、规划发展、版本控制、设计/编码标准和严格的测试。项目面对的是真实的客户，这必然对项目设计的可靠性、可用性、可维护性、安全性、可制造性和美观性提出更高的标准。为了取得工程项目的成功，学生需要解决项目中的关键性问题：例如，儿童博物馆在承受数百名儿童使用甚至滥用之后能维持几个月呢？升级后的软件界面能否提高社区服务工作者的工作效率？设计一个系统用于检测和鼓励青少年脑瘫儿童较标准的姿势，真的能帮助他们改善姿态吗？面对虚拟客户的课程学习中很少遇到上述问题，而且也很难找到现成的答案。然而正是在解决这些问题过程中，学生才会学习与领悟到在工程项目中课本学习与在真实世界中的差异。然而，随着学习的进展，复杂性和挑战性也就变得更明显，激发学生进一步地探究可能情况的种类。

其次，将长期或者复杂的学习活动分解为具有挑战性但又不超越学生能力的易处理的部分。当学生发现学习活动太复杂而又不能分解成小步骤完成时，很可能会没有信心进行活动并延缓活动。因此就需要教师示范分解活动并向学生展示，同时让学生感受到他们关注学生学习的行为。有研究解释教师如何使用互惠教学方法培养学生的阅读理解的能力，先向学生示范阅读理解的策略，然后逐渐帮助学生掌握策略并逐渐养成自我管理的能力。

再次，对学习活动进行难易排序。将学习活动或者每项活动的步骤，按照难度水平从最简单到最难的顺序进行排序。这样做可以使学生随着活动的进展逐渐产生自己能胜任学习活动的信心。

如何让学生收到他们能力水平的定期反馈?

在课程的整个过程给学生分配作业和评估，让学生收到有关他们能力的反馈，而不是仅仅一次或者两次反馈（例如，仅仅在期中和期末考试）。给作业或评估打分本身并不是最重要的，核心是学生能够收到对他们能力的反馈。一些教师创造性地采用教育技术手段为学生提供更多、更好的反馈。例如，一位教师发现收到有关他们电子提交的论文的数字化口头反馈（使用音频压缩格式文件）的学生比收到使用文字处理程序的批注反馈的学生受到的激励更大。

鼓励学生通过具体、可实现（但有挑战性）的短期目标来逐步实现长期目标。目标指示要做到的种种行为，同时教师的反馈帮助学生追踪与他们目标相关的进展，并在需要时及时作出调整。

如何让学生相信如果他们付出努力就能成功?

首先，允许学生重做作业并重新进行评估。这样做是要让学生知道，教师重视的是学习，而不仅仅是结果本身。这个方法的局限是它要求教师投入更多的时间，重新为作业评估打分。随着网络化的建设，可以采用现代教育技术来解决这个问题。学生在网上完成作业，教师可以至少为某些作业自动打分，这样能减轻教师的负担。

其次，为未能取得成功的学生提供帮助（例如，提供学习策略、解答学生问题、提供资源、组织学生互帮互助等等）。帮助的方式可以是为学生提供“学习小窍门”指导，为学生提供在课程中取得成功的典型事例。教师可以提出概括性的学习建议，例如，“将教科书信息与你知道的事情联系起来”，也可以是具体到课程的建议，例如，“在完成最终测验之前解决教科书每章结尾的问题”。

再次，提供准确并中肯的反馈，鼓励学生付出努力。例如，仅仅提供概括、消极的反馈（例如，“你的写作水平很差，应该改进学习技能。”）促进学生进步的作用较小。相反教师为了学生的进步需要提供合理的、具体的反馈（例如，“你需要提高用词的准确性。”）以明确指示学生需要改正的地方。

然后，设定高但是合理的课程期望。作业、任务和要求的数量应该推动学生努力学习，但是它们不应数目过大或范围过广以至于超出学生的能力，导致学生心理焦虑。

最后，提供多样化的作业，允许学生展示他们不同方面的知识、能力（例如，概念脉络图、写作作业、多选题测试、课堂展示、科研项目等等）。只有一种评分作业的课程，往往会对那些认为他们不擅长完成特定类型作业的学生不利。

4. 应用兴趣要素的建议

如何增加学生对课程活动的情境兴趣？

课程活动中包括下列一种或多种因素：新颖性、食物、社会互动、游戏与智力测验、幻想、幽默、叙事（如，故事）、需要肢体动作的活动（如，“实际动手操作的”活动），或者与伤害、性、丑闻相关的内容。当代的大学生对动漫和卡通等比较喜欢，因此课堂教学中应该采取一种融合新颖性、幽默以及社会互动的教学方式，比如说，采用漫画的形式教授学生科学加工技能，配以同样的两个问题：1.你们观察到什么？ 2.从动画中得出的推论是什么？可能会收到更好的效果。

首先，教师在设计课程活动时需要选择与学生背景知识和兴趣相关的内容。学生倾向于对他们已知的事物更感兴趣。例如，数学教师可以为学生提出学生已知或感兴趣的数学问题；英语教师可以选择学生可以鉴别人物性格的文学作品；历史教师可以选择那些描述历史人物或者具有鲜明人物性格的阅读材料。

其次，课程活动要选择那些能引发情感的活动。因为兴趣包括情感成分，教师应该想办法激发学生情感并使其对学习内容产生感情。激发积极情感的建议包括提倡学生自治、提供可选择的任务、为学生的成功提供支持。消极情绪，例如生气，也可以具有积极作用。比如说，虽然有些学生不喜欢某些著作的写作风格，却有兴趣去批判它。

再次，教师的授课风格应多样化。如今大学课堂中，幻灯片已经取代了粉笔和黑板。总的来说，利用幻灯片进行教学是大学课程中展现多样性的一个有效方式，它可以引发学生课程学习的兴趣，然而我们需要认识到只有被有能力的老师有趣地使用、展示有挑战性并重要的内容时，这样的幻灯片教学才会产生效果，否则也许还不如原先的方式。

最后，提供新颖的或者不同于学生已知知识的信息。当学生面临他们渴望的知识与他们经历的认知产生冲突时，会受到激励去解决矛盾。例如在美国工程教育领域进行的服务学习项目，它是探究学习的实践，能让学生在他们最感兴趣的领域进行研究学习。服务学习项目在为社区合作方提供有意义的服务的同时，要求学生解决现实的开放式问题，强调学术和智力共同发展，公民参与意识及个人/人际交往能力的提高。教师可以自己制作一些教具，这种教具包含学习周期的步骤，能够演示出化学和物理的若干自然规律。教师让学生自制教具，向学生提出问题，问他们打算做什么实验解决问题。接下来，在实验的过程中，学生不断寻求解答他们的问题，在这一过程中会提更多问题，做更多实验，直到他们最终清楚地解答自己的问题。在课程结束时，学生掌握的概念会应用到新问题中。

如何增加学生对课程内容的个人兴趣？

将MUSIC模型的其他成分融入教学。教师可以通过下列途径提高学生个人兴趣：（1）让学生有机会掌控自己的学习从而有自主权；（2）向学生说明学习内容对目标实现的作用；（3）支持学生获得成功；（4）营造关心的氛围。

教师显示出对课程活动和课程主题的兴趣与热情。教育是一种影响，在教育活动中，常常会发现教师可以通过带头对学习内容感兴趣，从而更好地促进学生个人兴趣的发展。

在课堂中和课堂外为学生提供时间提出他们好奇的问题。在兴趣发展的早期，学生可能从回答老师提出的问题中获益；然而，产生个人兴趣的学生将会有他们自己好奇的问题，这一行为应该得到教师的鼓励。

5. 应用关心要素的建议

如何让学生相信教师重视学生能否达到课程目标?

首先，对学生的成功和失败表示关心。教师应该在一定周期内检查学生的学习状况，尤其是要关注那些学习测验中分数较低的学生，通过发邮件或者谈话等方式进行沟通。这样会让学生知道教师非常关注他们表现得是不是很好，询问他们是否阅读了课前的建议材料（例如，学习的计划大纲），并且问有什么能帮助他们的。通常情况下，学生都会提高自己的学习努力程度。

其次，听取并重视学生的观点和意见。教师是课堂的主导者，然而需要注意聆听学生的声音，这将有利于培养学生敢于表达自己思想的习惯和能力。教师可以采用分组合作解决问题和讨论问题，为学生提供一个共同表达思想的体验。这种分享的体验能使学生更加感受到他们对小组的贡献，这将促进班级讨论更好地进行。

最后，投入时间和精力帮助学生。教师可以及时地回复学生的电子邮件和电话，解答学生提出的问题、对课程相关内容的疑问。这当然会耗费教师的一些时间和精力，这也是目前教学与科研当中非常突出的一个矛盾，如何解决，目前似乎没有找到很好的方法。

如何让学生相信教师关心他们的利益?

首先，考虑为个人生活遭遇意外事件的学生提供合理便利。现实社会总是会出现一些我们意想不到的事情，当面临这样的事件时，教师需要考虑学生的情况，采取一些合理的解决方案，在不违反原则的情况下，给予帮助。比如给学生延长一些课程任务的截止日期，表明教师更重视学生实现课程目标，而不是简单提交一份作业。

其次，对学生生活表示关心和兴趣。教师教授给学生知识，这一过程中，如果能更加了解学生就会达到更好的效果。教师可以了解每个学生的个人信息，如果有必要，可以让学生写一页有关他们自己的描述。通读这些描述，在回复学生时对感兴趣的地方作出评论，这样会拉近与学生的距离。教师不能记住所有学生的全部信息，但是保留这些书面描述，在日后的课堂互动中可以参考。

如何让学生有机会彼此积极地互动？

首先，使用合作或协作学习的方式让学生共同学习，实现课程目标。合作学习一直被认为是一个重要的教学方式，班级中的学生在开展他们认为有意义的任务、共同学习时变得充满热情。一堂课上，学生们解决一个案例研究，每个团队成员都成为特定领域的“专家”，然后他或她再将信息教授给团队中的其他成员。每个团队分享其解决办法。这种学习方式会让学生更加积极、主动地接受知识。

其次，设计课堂活动教授学生学习内容并且允许他们个人层面上了解彼此。例如，在外国语言学习课程上，为了教授学生练习使用过去时态，一位教师让学生对他们过去经历中很重要的事件制定出两个目标。她提出有关这两个目标的书面问题（例如，为什么你制定那个特殊的目标？），并让学生用过去时态向他们的学习伙伴给出答案。接下来，教师让学生将他或她从学习伙伴那里学到的信息与班上其余同学分享。学生们反映他们喜欢这个活动，这有助于他们学习语言技能，也有助于了解他们的同学和参与其中的教师。

附录五：样本高校大学一年级的工程基础课程设置一览表

序号	学院	第一学期开设的工程课程
1	材料科学与工程学院	一元微积分、无机化学B、计算机程序设计
2	电子信息工程学院	工科数学分析(1)、电子信息工程导论、机械工程引论、机械工程技术训练B、工程认识、C语言程序设计
3	自动化科学与电气工程学院	工科数学分析(1)、大学化学B、机械设计基础B、工程认识、C语言程序设计
4	能源与动力工程学院	工科数学分析(1)、大学化学B
5	航空科学与工程学院	工科数学分析(1)、画法几何、工程认识
6	机械工程及自动化学院	工科数学分析(1)、线性代数、工程图学（1）、C语言程序设计与实践
7	交通科学与工程学院	一元微积分、大学化学B、画法几何
8	宇航学院	一元微积分、机械设计基础B、工程认识
9	仪器科学与光电工程学院	一元微积分、大学化学B、画法几何
10	可靠性与系统工程学院	工科数学分析(1)、仪器科学与科技文明、工程认识、C语言程序设计
11	高等工程学院	高等代数（1）、数学分析（1）、基础化学（1）、学科综合前沿讲座（1）、高级语言程序设计

后 记

工程人才的数量不足、整体素质不高，将对现代经济发展产生不利影响，因此工业强国都非常重视工程人才培养的规模与质量问题。工程人才的供给对我国尤其重要，充足、合格的工程师是实现中国制造强国战略的支撑与保障之一。西方发达国家进入工业化成熟阶段后，出现了工程专业吸引力下降、大学中工科学生流失等现象。在我国也开始出现这种倾向，由于多方面的原因，未来工科学生流失的问题将会凸显出来，工程教育需要提前积极应对这一现象和问题。

正是基于工程教育领域出现的挑战，工程教育界需要关注工程师培养的起点——工科新生的培养。大学一年级（以下简称“大一”）是工科学生由高中阶段向大学阶段学习转型的重要时期。如何帮助工科新生迎接挑战并顺利转型，对于学生继续学业、树立正确的学习态度、提高大学的教育质量等具有重要实践意义，同时也会对我国工程教育改革发展有所贡献。本书探索在未来工程师培养的基础关键时期——大一阶段，工科新生在工程基础课程课堂学习中的经历与其对工程职业认同的相关关系，进一步研究两者对学生学业成绩、未来专业和职业选择意愿的影响，最终目的是维持与提高工科学生的内在学习动机，帮助他们在学业上获得成功，同时为工程教育界将来应对工科学生流失积累经验。

本书在博士论文研究的基础上进行了修订与完善。在此，要特别向我的导师雷庆教授致以衷心的感谢。起初我对工程教育并不是很了解，即使在今天工程教育研究也不是一门显学，然而随着学习过程的深入，我逐渐对这一领域的研究产生了兴趣。雷老师非常关注工程教育的研究，也非常支持我们在这一领域开展研究。不同的导师具有不同的指导风格，非常感谢雷老师采取的自由方式，虽然初期比较迷茫，不知道该如何在工程教育领域着手研究，然而这也给了我们自由、主动的探索空间，才会发现其实还有许多问题尚待解决。

感谢高教所各位老师在我求学期间给予的帮助和启发。郑晓齐教授对高等教育方面的一些问题的分析，我经仔细琢磨后，才发现其对问题认识的深刻与真知灼见。回想起来，在学习期间的思想认识的改变，有许多都是在时不时与郑老师的聊天中获得的。马永红教授思路非常灵活、务实，而且鼓励我们去尝试、去实践、去发现一些问题。赵婷婷教授则非常强调研究问题的理论性、逻辑性。当然如何真正应用到研究中，还需要自己的不断努力。感谢于晓敏老师对部分数据分析的讲解，使本书的定量分析更加完善。感谢李明、王文娟、付娇娇对本书文字、结构的评阅，减少了本书的错误。向高教所308的博士生们表示感谢，在这不一一写出大家的名字，非常荣幸能与他们交流，使得学习生活有了许多乐趣。

感谢国家留学基金委的资助，给了我到普渡大学工程教育系研究学习工程教育的机会。师兄巩翔热情地帮助我联系了国外导师，在留学的过程中，杰西卡（Brent Jesiek）教授作为我的导师，对我在美访学期间的学习和研究进行指导并提供帮助，使得我对工程教育方面的认识更丰富，视野也更加开阔。在美国期间，通过邮件与佛尼吉亚理工大学琼斯教授进行了交流，他非常热情、慷慨地为本书提供了相关的最新研究成果，同时提出了一些未来研究的建议。

感谢我的父亲、母亲、哥哥对我一路求学的支持、理解。本书的完成还要特别感谢魏丽娜，我们一同讨论高等教育中的一些问题。作为本书最初的阅读者，她对于本书的内容给出了批评建议，同时对本书的完善做了很多工作，感谢你的支持与陪伴。

本书系浙江树人学院学术专著系列，得到了浙江树人学院科研处的支持，在此深表感谢！也衷心感谢浙江大学出版社的宋旭华、胡畔两位编辑老师的认真工作，本书才得以顺利出版。

由于个人原因，当思想转化为文字时，总有些差池，书中的不足是作者个人的责任，希望在以后的学术道路上能够完善提高。

苑　健

2023 年 12 月　杭州